EL PODER DE ESTAR CONTIGO

EL PODER DE ESTAR CONTIGO

Rosy D'Amico

Diseño de portada: Alma Núñez y Miguel Ángel Chávez / Grupo Pictograma Ilustradores
Imagen de portada: Shutterstock / Dmitrieva Katerina
Diseño de interiores: Patricia Pérez
Fotografía de la autora: Marisol Ramírez

© 2016, Editorial Planeta Mexicana, S.A. de C.V.
Bajo el sello editorial DIANA M.R.
Avenida Presidente Masarik núm. 111, Piso 2
Colonia Polanco V Sección
Deleg. Miguel Hidalgo
C.P. 11560, México, D.F.
www.planetadelibros.com.mx

Primera edición: febrero de 2016
ISBN: 978-607-07-3257-7

Impreso en los talleres de Litográfica Ingramex, S.A. de C.V.
Centeno núm. 162-1, colonia Granjas Esmeralda, México, D.F.
Impreso y hecho en México - *Printed and made in Mexico*

ÍNDICE

PRÓLOGO

Érase una vez un día que parecía soleado. Alguien caminaba por la vida muy campante, se sentía despreocupado y paseaba cómodamente. El camino le parecía fácil, sin problemas para recorrerlo, cuando de pronto, sin fijarse o tal vez sin darse cuenta, sin estar pendiente por dónde caminaba ¡pum! sintió un tropezón que lo hizo caer. El golpe lo dejó desorientado...

No supo qué pasó. Empezó a sentir sensaciones que antes no había experimentado, que se hacían cada vez más intensas. Todo lo que traía consigo se fue cayendo conforme se desplomaba: esas cosas que dan seguridad a las personas como el bolso, dinero, la pluma, el suéter... Todo lo de él se perdió mientras caía. Su mente desorientada quería encontrar razones de lo que estaba sucediendo; toda su energía se fue en buscar por qué le había pasado esto a él y encontrar culpables. Sí; todos pagarían por hacer que se derrumbara.

Mientras más caía, más se lastimaba; su estrés creció.

Quería salvarse de lo que estaba pasando; no caer más y que dejara de doler, pues sentía que esto era muy fuerte. Él se agarraba de donde podía, pero le dolía más. Estaba desesperado, sin orientación. Toda su fuerza se iba en sobrevivir, luchando, esforzándose sin lograr un resultado. ¿Cómo podía ser que le hubiera pasado esto a él? Pedía fervorosamente nunca haberse derrumbado. Se sentía dentro de un hoyo inmenso, donde gritaba, pataleaba... pero entre más se movía, mayor era su dolor.

Luchaba y luchaba pero no lograba nada.

Decepcionado de sí mismo y de su poca fuerza, en algún momento que dejó de moverse se percató de que ya estaba oscureciendo, así que lo invadió una enorme tristeza. Lloraba y lloraba, lamentándose: "¿Por qué a mí?, ¡no le hago daño a nadie!, ¡esto no es justo!, ¿ahora qué va a pasar?...", así, la mente lo llevaba con gran miedo y dudas hacia el aniquilamiento.

Cuando llegó la noche, continuaba llorando. Lamentaba lo sucedido. Sus heridas lo aquejaban. Ya estaba oscuro, por lo que su visión se nubló. No quería siquiera moverse, pues sentía que si lo hacía sólo acrecentaría el de por sí ya intenso dolor. Entre más trataba de salir, más se hundía física, mental y emocionalmente. Revisaba y tocaba sus heridas, trataba de ver qué tan profundas y cuántas eran y sin querer se lastimaba más. Trataba de hacer un escaneo de todo el daño que había en su cuerpo mientras su enojo crecía. Pensaba: "¿Quién me habrá hecho esto? ¡Alguien me lo hizo!". Así, creaba historias en su mente que lastimaban y confundían más.

Pasó la noche atormentado por un sinfín de sentimientos: tristeza, furia y, por si fuera poco, laceraba más sus heridas, diciéndose a sí mismo: "¡Cómo es posible que nadie me ayude!".

Soportó el clima frío de la noche, cosa que no le importaba mucho, pues sus pensamientos y todo él seguían lamentándose por lo sucedido, creando más dolor y lesiones de las que ya tenía desde antes de caer. Por fin desistió; dejó de luchar... Ya no podía más.

El cansancio llegó y finalmente se rindió.

Comenzaba a clarear cuando despertó. Pudo observar dónde estaba. Lo invadió una sensación agradable junto con la esperanza de poder salir de ahí. No sabía cómo ni de qué forma; era esa corazonada de "sí puedes", que no se piensa, simplemente se siente.

Así, empezó a enfocarse en los recursos que tenía.

Atravesó el miedo que da cuando haces algo nuevo y, que a pesar de que duele, sabes que lo tienes que hacer; pero con una sensación de paz.

Lo que parecía antes un inmenso hoyo, era una zanja a tan sólo unos pasos de la carretera. Al primer movimiento percibió que las heridas y el dolor seguían ahí, pero con su mente un poco más clara dejó de lado las quejas. Se preguntó: "¿Será que si me pongo en pie pueda pedir ayuda?". Algo en su interior lo hacía saber que sí. Revisó sus lesiones y aunque el enojo lo invadía por sentirse lastimado, sus heridas parecían tener solución. Observó a su alrededor.

Buscó cosas que le pudieran servir. Vio una rama que le serviría para apoyarse.

Le costó mucho trabajo ponerse en pie, pues todavía estaba cansado y su energía era baja, pero sabía que tenía que ayudarse a sí mismo y hacerlo, porque escuchaba esa voz interior que lo apoyaba. Así, dejó de lado los sentimientos de agotamiento y tristeza y se ocupó en salir. Lo hacía con cuidado, con amor a sí mismo. Sabiendo que debía enfocar su energía en lo que era necesario para él.

Observó, aguzando sus sentidos, lo que tenía. Vio que con su ropa podía hacer un torniquete; que con un poco de agua que traía en una botella podría refrescar su cara y limpiarse. A lo lejos distinguió a unas personas y entonces pidió ayuda. ¡Ah, qué bien se sentía que alguien lo auxiliara! Mientras esperaba pudo descansar, con la sensación cada vez más fuerte de que esta pesadilla estaba a punto de convertirse en un momento de recuperación.

Muchas de las cosas que traía consigo se habían perdido. Empezó a angustiarse de nuevo, preguntándose: "¿Dónde estarán?". Para él eran indispensables, pues le daban seguridad. Además, eran sus recuerdos. Entonces sintió una nueva sacudida. Logró conectarse con la primera sensación interna que tuvo, cuando supo que todo iba a estar bien y que lo que era de él, tarde o temprano regresaría.

Al estar de pie comprendió que podía empujarse con sus brazos y salir del hoyo por su propio esfuerzo. Esta vez fue diferente, empezó a entender cómo lo tenía que hacer; con cuidado y paso a paso, protegiéndose para no lastimarse más.

Entendía que tenía que pedir ayuda, porque es bien sabido que compartir el camino con alguien lo hace menos difícil y sentir el apoyo de los demás reconforta. Así que aquellos a quienes pidió auxilio le sostuvieron el brazo, pudo recargarse un momento en ellos para recuperar el aliento y continuar. A su paso encontró seres que lo ayudaron a recoger sus cosas; hubo quienes le enseñaron a hacer un torniquete; otros lo acompañarían y de algunos más recibió las palabras exactas para superar esta situación.

Mientras caminaba se dio cuenta que ahora tenía una intención clara, había creado espacio y encontrado nuevos recursos; como lo importante que es contar con la ayuda de los demás. Empezó a experimentar una sensación ligera de poder.

Agradeció haberse dado la oportunidad de abrirse y aunque había partes que aún dolían, comenzaba a estar seguro de su sanación. De repente, todo tuvo sentido; se sintió más fuerte, consciente de quién era y de lo que era capaz de hacer por él mismo.

Agradecido, entendió —o quizá con el paso del tiempo entendería—que las coincidencias no existen y que todo esto lo ayudó a forjar lo que él estaba destinado a SER a través del poder de estar consigo mismo.

MI HISTORIA

Te platicaré cómo comenzó este libro hecho especialmente para ti. Déjame decirte que cualquiera que sea la situación que estés viviendo, estás en el lugar correcto, a salvo y a punto de resolver lo que tanto has buscado. ¿Me permitirías contarte un poco de mí?, pues así como en la historia anterior, yo caí durante largo tiempo en un hoyo. Sé lo que es estar ahí. La caída no tiene un porqué lógico y estructurado, simplemente es. Lo que hagas tú si caes, es lo que marcará la diferencia en tu vida.

Nací en una familia que se dio por amor, pasé mi infancia prácticamente feliz y normal. Mis papás se conocieron. Lo que dio pie a un tórrido y volcánico romance lleno de pasión, fuerza, tenacidad y trabajo, que aún continúa en la búsqueda de la felicidad en pareja. Mi papá, un hombre fuerte, deportista, con ganas de triunfar. Mi mamá, una guerrera que siempre ha luchado por sus ideales. Así, siendo una pareja moderna, esperaron dos años para tener a su primogénita que fui yo. Llegué un 27 de diciembre.

Ellos han sido siempre decididos. Con ideas firmes. Por lo que a dos días de mi nacimiento ya me traían en la calle, al ritmo de sus actividades y adaptándome a su entorno. Dos años y medio después llegó mi hermana. Nuestra familia quedó completa. De pequeñas la pasábamos peleando, pero cuando me casé, logramos ser las mejores hermanas y ahora es mi mejor amiga.

Crecí como la hija mayor, creyendo ser casi perfecta, la buena, la que siempre tenía una sonrisa en la cara sin importar qué mal me sintiera o cómo estuviera la situación. Fui muy alegre y optimista a pesar de ser la que se enfermaba en casa, pues toda mi infancia tuve asma, alergias y no era tan deportista como los demás. Esta situación hizo que mi mamá se preocupara más por mí y me resguardara para que no sufriera... Ahora me doy cuenta que a causa de ello decidí que la vida había que vivirla muy protegida para poderla disfrutar y sería mejor si me mantenía dentro de mi familia.

Pasaron los años. Fui creciendo entre la música de los ochenta, los amigos, la escuela, sin más; como cualquier chica normal.

Era buena; no me metía en problemas. A mis papás nunca los contradije, pero tampoco hice cosas que me apasionaran.

Al empezar la adolescencia no fui rebelde. Engordé, pues comía a escondidas todo lo que se me antojaba, cosa que no fue nada bien vista por mis padres porque en casa el culto a la belleza corporal es muy fuerte. Así que mi rebeldía o mi ansiedad se reflejaron en la comida. Mis papás luchaban para que yo fuera delgada y ese fue nuestro mayor pleito en mi pubertad.

Cuando entré a la preparatoria conocí al amor de mi vida. Entonces dejé de lado la gordura y las enfermedades para llenarme de alegría, de momentos increíbles que permanecen hasta el día de hoy.

Nos enamoramos. Fueron años extraordinarios. Lo único que quería era estar junto a él. Mis papás eran de costumbres tradicionales y mi entonces novio (ahora esposo), me lleva nueve años; de tal manera que ya podrás imaginarte que nos dejaban salir poco, pues yo era una niña de dieciséis y él todo un joven. A los cuatro años de noviazgo llegó el matrimonio. Sí, ¡así es!, ¡fui la última mujer que, creo, se quiso casar joven!

Nos casamos. Fueron épocas muy felices. Aplazamos por cerca de tres años la llegada de un bebé, debido a que todavía no terminaba mi carrera. Así que cuando la terminé, como éramos personas programadas, decidimos que naciera nuestro primer hijo: Chavis, quien vino a darle un gran giro a mi vida de amor, aprendizajes y experiencias nuevas.

Esta etapa de la maternidad fue muy difícil para mí, por la inexperiencia y todas las creencias que tenía al respecto; caí en un hoyo pero me levanté sin saber cómo. Creo que fue entonces cuando me enfrenté a ser madre responsable; a la actividad y ternura de un pequeño que me llevó a volver a ser yo misma. Quedé enamorada de él y hasta la fecha le digo que es mi gran maestro, aquél que marcó la pauta en mi vida como mamá, además de darme una nueva perspectiva sobre el tema.

Después nació mi hija Ivette, creando más momentos felices y alegres. Ella vino a completar mi sentimiento de amor hacia mis hijos. Me sentí súper afortunada; las cosas salían como las había planeado: me casé con el amor de mi vida, tenía a mi niño y a mi niña… ¿qué más podía pedir? Mi plan de vida se había cumplido.

Entonces, lo único que faltaba para que fuera completamente feliz era ser delgada como las artistas de la televisión. Así que encontré un método muy fácil: pastillas para adelgazar. Por un año bajé mucho de peso. Sentía que lo había logrado; sin pensar que esto se convertiría en una preocupación constante. Dejé las pastillas. A los pocos meses engordaba de nuevo, por lo que las volví a tomar.

Eran muchas las pastillas que tomaba. Una de ellas me ponía nerviosa. Aquí cabe señalar que esto lo hacía a escondidas de mi esposo, quien decía que eso me haría daño y pues se convirtió en una profecía cumplida.

Empecé a tener unas crisis de miedo espantosas. Una noche terminé en el hospital, perdiendo mi centro y control por completo. Caí como en una espiral de enojo, rabia y autodestrucción. Pensaba: "¿Por qué yo, si me porto bien, hago las cosas bien y no daño a nadie? ¿¡Por qué me estoy volviendo loca!?". Al levantarme por las mañanas iba a la iglesia. No sabía qué hacer. Sentía que había algo malo en mí. Consulté a varios médicos, quienes sólo decían que estaba estresada, con depresión. Me daban medicina, cosa que no ayudaba; nadie me entendía, no hallaba ni pies ni cabeza a lo que me estaba sucediendo.

El miedo y la inseguridad entraron a mi autoestima, a mi descanso, a mi paz. Lo que más dolió fue alejarme emocionalmente de mis hijos, pues tenía miedo de hacerles daño. No encontraba el punto de regreso en esa espiral de caída formada de llanto, miedo, tristeza y enojo, que me llevaban a dañarme cada día más. Me llenaba de pensamientos horribles de muerte y destrucción, que ahora sé que no son nada y que no vienen de mi.

Esto duró años y hubo momentos, gracias a Dios, en que algo dentro de mí, me empujaba a buscar opciones. Ahora sé que era mi espíritu que decía prepárate, muévete, crece, aprende. Fue cuando me puse a estudiar, a intentar creer (en cosas que no sabía cómo podrían existir en mi mundo caído). Todo con el único objetivo de pretender que algo mejor pudiera suceder. Hubo momentos de iluminación en los que alcanzaba a darme cuenta que mucho de lo que pasaba yo lo provocaba, así que al menos había una certeza de que si yo era responsable de lo malo, podía aprender a hacerlo de diferente manera.

En esos años me atreví a tener a mi tercer hijo: Marcelo. Fue un reto que me llevó a volver a ver el amor que sentía por mis pequeños. No fue nada fácil para alguien que se creía mala, sucia y asesina en potencia; sentía que no merecía tener otro bebé. Fueron años de subir y bajar. Mi autoestima parecía no aumentar y mi SER no tenía paz. Fue como destruirme por completo en un segundo y tener que volver a formarme pieza por pieza; pero nadie me había enseñado cómo jugar el juego. Así que había que crear un nuevo camino, reglas, ideales, encontrar mi pasión personal, unirme a mí, aprender a amarme. La vida es tan sabia que me fue preparando un nuevo camino de aprendizaje para encontrarme a mí misma en esa caída y marcó una diferencia en mi existencia.

Como un salto hacia la fe, aprendí que durante el proceso debía confiar en el amor; amarme aún sin creerlo. Hasta que un día lo empecé a descubrir y a sentir cada vez más grande. Había empezado a vivir la responsabilidad conmigo misma paso a paso. Entendí que por muchos años había preferido buscar tener la razón de que algo estaba mal en mí, en lugar de ser feliz con lo que sí había en mi vida.

Así como de seguro te ha pasado a ti y lo irás descubriendo, me he encontrado con grandes maestros que me apoyaron y me siguen ayudando a que yo sea lo que realmente soy. No hablo de magia o glamour, sino de personas sencillas que han pasado por un proceso propio mientras convirtieron su experiencia en aprendizaje y amor.

La intención de este libro es conseguir que tú no caigas en un laberinto sin salida y sepas que hay caminos más cortos para levantarse de las caídas sin autodestrucción; que puedas crear un espacio nuevo de amor contigo mismo y visualizar que tú decides cómo vivir tu vida. Al conocerte aprenderás a integrarte, a vivir desde el poder de estar contigo de una manera simple y divertida.

Te felicito porque estás en el momento adecuado, en el lugar perfecto y no tienes que cambiar de vida o dejar a los tuyos, simplemente vas a conocerte; saber cómo funcionas, pues nadie te enseñó. No sé si sea tu caso, pero cuando algo malo pasa, las personas intentan encontrar un método fácil y rápido para estar bien, ya que de pequeños no nos enseñan a conocernos; ni mucho menos a que todo en la vida tiene sus tiempos, sus ciclos, así como sus procesos de recuperación. Además, que cada cosa que te sucede es un proceso en sí mismo que lleva tiempo, energía y espacio.

Sé que puede parecer difícil, pero si tú lo decides va a ser el punto de partida para que crezcas a otro nivel mejor y más completo. Hay momentos en que no importa el "por qué"; lo que interesa es cómo vas a salir, qué vas a aprender y cómo lo vas a aplicar. Aunado a esto ni te imaginas el gran regalo que la vida tiene preparado para ti.

Esta historia puede que no se parezca a la tuya, pero lo que sí tenemos en común es que a veces la vida golpea o sofoca y quedamos como en pausa; sin poder hacer algo al respecto. Las caídas en la vida no tienen nada que ver con que lo hayamos logrado o no, simplemente son cosas que suceden.

Te pido que no creas nada de este libro hasta que lo compruebes por ti mismo con tu experiencia; es necesario que reconozcas si esto es verdad para ti o no. La idea es que desarrolles tus mecanismos para que puedas levantarte rápido y de una manera en que no guardes sufrimiento, sino que la experiencia quede como aprendizaje, siendo leal contigo mismo, integrándote y disfrutándote.

Desde ahí ha comenzado mi vida; tanto en la realidad como en la gran experiencia de ser yo misma, aprendiendo a creer en mí. Además de encontrar mil bendiciones a mi alrededor y mi pasión en la propia vida. Gracias a estos años descubrí mi lugar en ella y recibí regalos que nunca soñé.

¡Y sólo por creer en mí, sin creer en mí!

AGRADECIMIENTOS

Quiero darme las gracias a mí misma, por atreverme a creer, crecer y aprender. Sin mi fuerza interior no hubiera sido posible; Rosy, te amo.

A mi esposo y compañero de vida: tu presencia, amor y silencio en mis momentos menos agradables hicieron posible muchos nuevos comienzos; muchísimas gracias por creer en mí y crecer a mi lado. Dios me bendijo contigo. Eres un ser increíble, con una sensibilidad que me llena de ternura; siempre dispuesto a seguirme en mis locuras.

A mis chicos: Chavis, gracias por enseñarme a ser mamá y abrir mi corazón desde el amor. Te disfruto mucho. Verte crecer es toda una enseñanza; eres mi gran maestro. Tu tenacidad, gran corazón y ganas de lograr tus sueños los contagias. Tu perseverancia y don de gentes me enamoran.

Mi Güera, mi princesa, gracias por compartir conmigo tu compañía, tu amor, tus bailes; las buenas películas de amor; tus ricas botanas y esa gran sonrisa que te caracteriza. Gracias por platicar mucho y crecer juntas muchas veces. Eres un ángel en mi vida a quien disfruto mucho; a donde llegas irradias luz.

Marcelo, gracias por ser el dulce que vino a complementar nuestras vidas. Sentir tu presencia es muy especial para mi. Contigo nuestra familia tiene aún más sabor y alegría. Siempre tan auténtico, competitivo, seguro de ti mismo y cariñoso.

Gracias a los tres pues me han permitido estudiar, crecer, conocerme. Aunque a veces pareciera que he sacrificado tiempo de nosotros, creo que lo he invertido para poder unirme más a ustedes. Son un gran ejemplo, cada uno en su área, al vencer miedos, al ser auténticos desde el amor, por la claridad de sus ideas, por su tenacidad para lograr sus sueños. Son seres que me inspiran.

A mis papás; gracias por la vida que me dieron, por su cariño de siempre.

Me han enseñado el valor de la honradez, la unión familiar y la tenacidad para encontrar soluciones a los problemas. Siento su apoyo, fuerza y amor todos los días de mi vida.

A mi hermana, por convertirse en mi mejor amiga; eres mi ejemplo como madre y aprendo mucho de ti. Gracias por esas charlas en las que arreglamos la vida y obra del universo.

A TODAS mis amigas, que siempre con su apoyo, buena plática y la oportunidad que me dan al escucharme, hacen que me fortalezca y me sienta parte de una hermandad indispensable en mi vida.

A todos mis maestros que en la vida he encontrado; tanto en talleres como en terapias. Gracias, Gastón Hernández, Toño de la Mora, Adalberto Castro, Maruja Moreno, Alejandro García, María Elena Munguía, Magdalena Amézquita, Alfredo Culebro, Jayne Jonhson, Jason Tyne, Kelly Richtie y muchos más, porque siempre sus lecciones fueron con el más profundo amor y respeto.

A mis clientes; gracias por compartir y confiarme su historia de vida; mi intención siempre será acompañarlos a conocerse con amor y respeto, como lo hicieron conmigo.

A mi equipo de trabajo: Eme, Beto, Mariana, Jaimito, Arely. Gracias por apoyarme en lo que he necesitado. Por personificar muchas veces el amor en mi casa. Dios los puso en mi camino.

Sin ustedes, nada hubiera sido posible.

A Bruno Andrade, Ana Lorena Luna, Brenda Frutos, Gaby Bacchio, Paco Torres, David López, Lety García, por ayudarme para que este proyecto sea ahora una realidad.

Mi gratitud infinita a Dios por darme esta oportunidad de vida, de ser; gracias por envolver todo en mí con tu amor. A mis ángeles que me cuidan, ayudan, aconsejan y hacen que mi vida sea increíble.

...Y por último, gracias a ti, lector, por atreverte a buscar la felicidad echándote un clavado en ti mismo; ya que sólo los valientes están dispuestos a vivir su vida. Tú eres uno de ellos.

CÓMO USAR EL LIBRO

Este libro se creó de muchas voces de seres de luz. Tiene numerosos ejercicios y conceptos para que empieces a conocerte; estudies y practiques. Hay cinco reglas que te pido sigas:

1. ¡Nunca te rindas! Mas no te extralimites, tú tienes tu propio ritmo.
2. Practica, practica, practica; pues es la única forma de que sea tuyo lo que aquí te digo.
3. ¡Cree en ti, aunque no creas en ti!
4. Es indispensable que busques descansar por las noches y estés bien alimentado durante este proceso.
5. Este libro no es para leerlo rápido, pues tiene ejercicios a los que tienes que darles su proceso; así que vívelo a tu ritmo y regresa las veces que lo necesites a las partes que sean importantes para ti.

y... ¡Disfruta!
¡Recuperando tu vida!

1

En época de retos

*"Aunque nadie puede volver atrás para hacer
un nuevo comienzo, todos podemos volver
a comenzar y hacer un nuevo final"*,
San Francisco Javier

LA VIDA ME FUNCIONABA

"La crisis es la mejor bendición que puede sucederle a personas y países porque la crisis trae progresos",
Albert Einstein

¿Te ha pasado que sentías que ibas por buen camino en la vida y estabas haciendo lo mejor, despreocupado, muy a gusto? Te esforzabas y dabas todo, buscabas y luchabas, pero tal vez sin observar el entorno completo y de pronto pasó algo que frenó totalmente tu vida y te dejó cual si hubieras caído del brincolín, todo sofocado. Simplemente estás desorientado, con una sensación de enojo y coraje y buscas por todos los medios algo que te explique y sane de manera rápida eso que desconoces qué es pero no te deja estar como antes. Lo único que te interesa es sentirte como antes, borrar esta horrible experiencia y regresar a donde estabas.

¿O, te ha sucedido que tienes una temporada en la que por más que luchas y buscas, pasan cosas que en lugar de hacerte sentir que vas por la ruta correcta, sólo te quitan energía, dinero, te hunden y es cada vez más cansado hacer esfuerzos?

También podrías estar en una situación en la que tu mente no te deja en paz y la pasas cuestionándote "¿por qué a mí?,

¿yo, un empresario?, ¿yo, que siempre he hecho el bien?, ¿yo, una persona que ha luchado tanto?, ¿yo, que no le hago daño a nadie?", dejándote sin energía, desmoralizado, sin respuestas ni con una ruta definida.

Otras veces luchas y cuando crees que vas saliendo, algo sucede que te vuelve a tumbar; desechas la nueva idea o proyecto y crees que lo que tú soñabas no es para ti.

La realidad es que no importa cómo esté tu vida; si eres soltero, casado o divorciado; si tienes hijos o si tienes trabajo o eres un gran ejecutivo, pues en algún momento de tu existencia pareciera que caes en un hoyo y no sabes cómo fue, ni tienes ganas de levantarte. La cuestión es que si no aprendes a conocerte para saber qué funciona para ti, ésta podría ser tu casa por muchos años o quizá para toda tu vida.

Por lo general, cuando caes tienes dos opciones: una es que te sientes mal por el rumbo que ha tomado tu vida, por no lograr lo que te propusiste, autocastigándote por no hacer las cosas bien y dejándote caer aún más. La otra, es que te levantas, aprendes de ti mismo y ves otras opciones de solución; decides ser feliz, ya que lo que pasó no fue por casualidad o porque el destino estuviera en tu contra, sino porque en esta situación hay un regalo que no has visto, pero para recibirlo hay que pasar por un proceso para ganarte el derecho a que sea tuyo.

Mereces ser feliz; el problema es que no crees eso y entonces la vida sigue empujándote a serlo y a que realmente te ganes el derecho.

De donde se deriva que la única forma de conseguirlo es conociéndote y haciéndote responsable de tu propia felicidad.

Esas frases que a veces te dices a ti mismo como "¡tengo mala suerte!, ¡todo me pasa!, ¡no lo merezco!, ¡soy bruto!", entre otras, son un factor que se convierte en creador de situaciones similares a esos pensamientos, alejándote de crear cosas a tu favor y dejar de recibir cosas buenas que te pasan día a día.

Cuando te caes, el nivel de estrés aumenta considerablemente; tu cuerpo se enferma porque pasas mucho tiempo en la búsqueda de una solución que te dé claridad, lo que quita la poca energía que hay en ti. Sucede entonces que las opciones encontradas no te satisfacen, ya que te lastiman y recordar esto da entrada a tu soledad y a un círculo vicioso.

¿Qué es la soledad? Es lo que sólo tú sabes que hay en ti.

Todos esos pensamientos, frases y conversaciones que tienes contigo mismo todo el tiempo; que por más que otros quieran ayudarte, sólo tú sabes lo que traes, eso que a nadie le cuentas porque quizá no quieres que se sepa o simplemente no te atreves a decir de ti y que muchas veces duele tanto. Sin embargo, en toda esa verdad interna que vives está la oportunidad de recuperar tu poder personal. Sencillamente hay que saber cómo utilizar tus propios recursos a tu favor.

¿Cómo recuperarte y volver a encontrarte?, ¿cómo sacar eso que traes por dentro, que a veces quema y lastima tanto?

Cuando caes, se pierden muchas cosas en el camino, tal como tu seguridad y autoestima. Tus miedos y dudas crecen. Lo que parecía seguro antes, ahora ya no lo es. Lo que era fácil, como tu dinamismo y energía, parece que ya no está. El cansancio se vuelve parte de tu vida y cuesta mucho esfuerzo hacer las cosas diarias.

Tú puedes decir "¡Muy bien,, sé lo que me pasó; ya lo entendí!, pero ¿por qué me sigo sintiendo así? ¿Por qué toda la gente se ve bien y yo me siento tan mal?". Pues este libro te acompañará en el proceso de amarte e integrarte, desarrollando el poder de estar contigo para que retomes tu camino hacia tus sueños, conociéndote a ti mismo con responsabilidad, amor, abundancia y alegría.

No obstante, para conseguirlo hay que saber qué pasó en ti (no en la situación) y aprender cómo funcionas. La mayoría de las personas no saben manejar sus sentimientos ni sus pensamientos, convirtiéndose en esclavos de ellos. Esas cosas que se perdieron en el camino están ahí para que las redescubras, pero con un nuevo sentido. Así que siéntete afortunado... Di: "¡Qué alegría!", pues estás en el camino de recuperarte, donde encontrarás lo que sea verdaderamente importante para ti; desde tu sabiduría interna para disfrutarte, apasionarte y volver a soñar en grande, ya que las herramientas que encontrarás aquí te acompañarán a fortalecer esa conexión contigo mismo.

¿Te gustaría aprender a levantarte agradecido sabiendo que un mejor tú está naciendo ahí, dentro de ti? ¿Disfrutarlo y levantarte sin perder en el intento?

Muchas veces las personas hacen dietas, van a consultar médicos o a tomar cursos donde buscan la receta mágica para salir adelante y no funciona, teniendo la creencia de que algo externo va a resolver "lo que otro descompuso en mí". La realidad es que para salir de cualquier situación hay que hacerlo de adentro hacia fuera, es decir; tú eres responsable y creador de tu experiencia de vida y las respuestas ya están listas, pero adentro de ti. Nadie tiene tu verdad; lo único que falta es que tú la descubras y te des cuenta que ERES el experto en ti.

Ya basta de esconder eso que ERES, de vivir a medias y estar en esa cueva de dudas y resentimientos. ¡Basta de estar frenado por los miedos! ERES un SER maravilloso con un potencial increíble, ERES un milagro y lo vas descubrir aquí, pues *¡te mereces vivir intensamente!*

Las herramientas que propongo son las que a mí me funcionaron. Las aprendí en muchas partes del mundo. Las descubrí y las utilicé. Otras las creé; las viví en carne propia. Me han servido para curar mis heridas y encontrarme a mí misma descubriendo mi valor y sobre todo dándome la posibilidad de disfrutar la vida, con paz y mucho sabor.

Es un derecho saber cómo funcionas y que cada ser humano tiene la posibilidad de regir su vida desde el amor, con responsabilidad y respeto por sí mismo. Hay una historia que dice que Dios nos creó a todos con un color único y especial, nos puso en una caja de crayolas, para pintar el mundo con nuestra creación: tu color es necesario e importante; sin ti el mundo no tiene sentido, necesitamos de tu brillo como sociedad y como universo. Así que es momento de que empieces a dibujar lo que eres, pues sin ti le faltaría color a este mundo.

¿Listo?... ¡Vamos a empezar!

LOS 7 PASOS PARA
HACER EQUIPO CONTIGO

Cuando estás en situaciones difíciles, te sientes perdido, no sabes qué hacer o por dónde empezar. Lo primero es darse cuenta dónde estás parado. Sin hacer juicios. Simplemente reconocer el lugar con los elementos que ahí existen.

Toma un respiro y haz un escaneo de cómo estás contigo, con tu familia, en el trabajo; cómo está tu energía, tu cuerpo, tu mente, tus emociones. Toma unos minutos y observa tu verdad actual. Sin juzgarte, percibe dónde estás parado.

Escríbelo en un papel; dibújalo. Al terminar reléelo. Respira profundo y exhala con tu boca abierta soltando tu cuerpo. Agradece tu verdad y vuelve a respirar profundo.

En tu historia está todo el potencial para salir adelante, así que hay que recibirlo (no importa que tu mente hoy no lo entienda).

¡Te felicito! Éste es el punto de inicio para el reencuentro contigo y para disfrutar tu conexión con lo más preciado que tienes: tu historia y tu vida. Analiza:

- ¿Estás dispuesto a hacer las cosas de una manera diferente esta vez?

- ¿Estás dispuesto a poner en tela de juicio todo lo que has creído hasta hoy?
- ¿Estás dispuesto a trabajar en ti y salirte de tu zona de confort?

Si no estás preparado, guarda el libro hasta que estés listo o regálalo a alguien más que creas le pueda servir. Te agradezco haber leído hasta esta parte. Pero si hay apertura en ti, necesito que crees una rutina con las siete cosas que hay y que te propongo las hagas diariamente al menos por tres semanas o en lo que acabas de leer el libro. ¿Preparado? ¡Te felicito! Has creado un compromiso ¡contigo mismo! Hay siete pasos que debes llevar a cabo para hacer equipo contigo.

1. RÍNDETE HOY

¿Estás cansado de luchar y luchar, de cargar tantas cosas, de estar agotado, de que no se logre eso que buscas? Pues hoy te invito a que te rindas; ¡sí! que te rindas a esta realidad que creaste y que no funciona. Relájate, rendirse no es hundirse, sino aceptar que las cosas no han salido como habías planeado, que muchas situaciones se salieron de control y mejor aún, que aprendas que rendirse es de valientes; de personas que aceptan que pueden equivocarse y hacer mejor las cosas. Además de darnos cuenta de que hay sucesos que nos rebasan, que no tenemos las soluciones para eso y que es mejor dejarlo en manos de un poder superior.

Cuando uno se rinde, el cuerpo se relaja, la mente descansa y hay un espacio donde pueden llegar mejores formas de solucionar, pero si tú no dejas de luchar, tu cuerpo lo hará por ti.

Para que se pueda arreglar eso que buscas, primero necesitas estar bien; ser parte de tu equipo, pues sin ti será imposible lograrlo.

Por cada problema hay al menos seis soluciones y por lo general utilizamos siempre la misma forma. Cuando dejas de luchar puedes ver claramente y darte cuenta de las respuestas que están ahí, sólo tienes que aprender a observarlo...

¡Suéltate y ríndete!

Cuando no te sientes bien, es como un costal que vas llenando de piedritas en el que acumulas todo lo que pasa en tu vida, quitándote energía vital y que cargas en todo momento. Al rendirte dejas que ese saco se vacíe para que puedan entrar cosas nuevas y mejores.

Te invito a que esta noche al dormir imagines el costal que has cargado y veas todo lo que acumulaste: dolor, tristeza, cosas que no han salido bien, sueños no logrados. Con todas esas emociones mezcladas te invito a que lo pongas fuera de tu cama; que te rindas ante esto.

Por esta noche deja de luchar y observa cómo se va quitando el peso de ti mismo. Inclusive hazlo de manera física, como si estuvieras quitándote cosas de encima. Ve dejando ahí todo, mientras vas respirando y soltando. ¡Se acabó! Esta noche no lo vas a cargar, ni lucharás en su contra, simplemente lo dejarás ahí, sin hacer nada y si confías en un poder superior, ¡entrégaselo! Llena ese costal de luz de amor.

Es imperativo que descanses y duermas bien, pues cuando has pasado por muchos días de mal sueño, las emociones, la mente y el cuerpo no están en su mejor forma, haciendo que veas un mundo que no es y lo que piensas de tus problemas hará verlos más grandes de lo que son. En el capítulo seis encontrarás muchas técnicas para dormir y descansar.

Así que la tarea número uno es: Descansar en las noches rindiendo a un lado tu costal.

2. RECUENTO DE LO QUE SÍ SE LOGRÓ HOY

Cada noche al acostarte, después de dejar tu costal por un lado vas a hacer un recuento mental de lo que lograste en el día y evaluar si salió bien. Lo que importa de este ejercicio es que te enfoques en lo que vale la pena, en tus habilidades, en lo que sí resolviste. Reconoce en qué sí fuiste bueno y disfrútalo. Aprende a ver los regalos que tienes cada día en tu vida. Engrandece ese ser que eres. No estás inventando nada; simplemente son hechos que sí pasaron. Son las cosas buenas que sí suceden en tu vida. Tienes que estar atento al menos a 10 cosas en el día y recordarlas por la noche. Eres experto en hacer el recuento de lo que salió mal; ahora necesitas mover el músculo que reconoce lo bueno que sí sucede en tu vida, que siempre es bastante. Millones de cosas pasan a tu alrededor, mientras vives, que valen la pena. ¡Así que a sumar lo positivo! Todos tenemos un banco interno que por lo general está en déficit, pues le sacamos todo para subsistir y le sumamos muy poco. Por lo general regañas y te enojas de todo lo que sale mal, pero sigues haciendo lo mejor que puedes y minimizas o no tomas en cuenta las cosas que salen bien. Si esto fuera una cuenta de banco estarías quebrado. Si eres bueno o el mejor para ofenderte, necesitas al menos reconocer la misma cantidad de cosas que si suceden a tu favor. Así que vas a dar valor a lo que sale bien, esa será tu tarea. Celebrar, agradecer y disfrutar todo lo que si funcionó en tu día. Se trata de cambiar el enfoque, agradecerte lo que valió la pena y lo que fue agradable para ti. Así que la tarea dos al acostarse es: respira y haz un recuento de todos a quienes ayudaste. Si hiciste un buen comentario. Piensa en el atardecer, en la brisa, en quiénes fueron amables contigo, y vete durmiendo con esos pensamientos.

3. LOS 15 MINUTOS DE SENTIRTE MAL

Te vas a dar permiso de sentirte mal, de pensar lo que sea, de ser la víctima con todas sus letras, de echarle la culpa a los otros, de quejarte, deprimirte, etcétera. Por lo general buscamos ser positivos, echarle ganas y tratar de salir adelante. En este punto vas a hacer lo contrario, por 15 minutos te permitirás ser eso que durante todo el día frenas y te dejarás estar mal.

En momentos de retos o estrés la mente se pone a desvariar, genera miles de pensamientos. Así que está bien pensar mal y tener malas ideas. ¡Ojo! No es que las vayas a cometer. Más adelante comprenderás que eso no eres tú, simplemente son reacciones de tu mente.

Así que la tarea número tres será: ser la víctima durante 15 minutos al día.

EJERCICIO:

Escoge una hora del día en la que puedas hacerlo, es necesario que sea el mismo horario:

Con reloj en mano destina 15 minutos diarios para llorar, hacer berrinche, enojarte, culpar a otros, sentirte miserable, etcétera. Lo vas a hacer con todo tu sentimiento, como realmente lo percibes. No luches. No trates de convencerte con pensamientos positivos. Déjate ser la víctima de lo que te sucede. Además, durante ese tiempo, concédete el permiso de pensar lo que llegue, lo que sea. ¡Está bien!

Siente tus emociones "culpa, miedo, tristeza, ira", por mencionar algunas.

Todos tenemos esa parte que sufre y la forma en que se expresa es diciendo "¡por qué yo!, ¡no es justo!", entonces hay que reconocerlo y vivirlo. Más adelante abundaremos en esto y en cómo tratar tus emociones. Al terminar este ejercicio vuelve a tus actividades diarias. Repite para ti mismo "ya se terminó el tiempo de sufrir, ahora es momento de trabajar en mí", agradécete el esfuerzo y conéctate con tu entorno. Si tienes ganas de seguir en este papel espera al día siguiente a la misma hora y vuelve a hacerlo; esto lo harás hasta que ya no tengas la necesidad de sentirte mal. Mientras persista la necesidad, hazlo todos los días a la misma hora.

4. JUEGA A CREER EN TI

Te voy a pedir algo "aunque quizá muchos piensen que esto debería ir hasta el final del libro, yo creo que es un bastón primordial para apoyar el proceso de ir despertando el CREER EN TI, un cimiento fundamental en la vida al que no dedicamos el tiempo suficiente". Te pido que hagas este ejercicio diario: que juegues a imaginar cómo sería tu vida "creyendo en ti" de una manera total.

Para que resulten las cosas en algo de lo que no estás seguro, primero debes dar un salto de fe y soltarte, ya después llegará la confianza; te lo aseguro. Esta última es algo que se crea día a día con tus acciones, pero la fe es algo innato en ti, algo que puedes probar y darte la oportunidad de experimentar, mientras que la confianza se crea con la experiencia.

Si aceptas el reto que te propongo, la tarea será que todos los días, después de hacer el ejercicio de llorar, te veas en el espejo y digas en voz alta: "Aquí estoy y merezco... (agrega una palabra o frase aquí)". Repítelo cuantas veces lo necesites. Al principio puede sonar falso o puede ser que no sientas nada y está bien.

No importa. Es como un músculo que vas a fortalecer con la práctica, día a día, ya que mereces aprender a ganar y a vivir lo ganado como tuyo. Las personas no practican la sensación de logro y cuando alcanzan una meta no le dan valor ni se detienen a saborearlo. Es necesario ejercitar la sensación de disfrutar la conquista de tus retos, sintiéndote fortalecido.

Te platico un poco más de este ejercicio. Al decir "Aquí estoy", no significa "estoy listo para seguir luchando solamente por luchar", sin conciencia. El ejercicio consiste en crear una estrategia que contenga un para qué, utilizando herramientas a tu favor. Percibiendo que sí estás aquí, pero ahora lo percibirás sin huir de ti; haciéndote responsable y actuando a tu propio favor.

Es como decirle a la vida "Yo me encargo de mí. Yo puedo conmigo".

Tú puedes ser de esas personas que son guerreras; que le dicen a la vida "Aquí estoy. Dame más". Se trata de que ya no luches y seas responsable actuando a tu favor con amor, autoconocimiento, estrategia y respeto hacia ti.

Con este ejercicio empezarás a entender lo que significa "merecer". Es importante que le encuentres un sentido a la vida; algo que te motive, un "para qué". Cuando hagas este ejercicio te darás una oportunidad de vivir.

Busca una causa que te mueva. Tú dirás: "¿Qué ganancia voy a obtener cuando logre esto?". Sé que como tú hay muchas personas y si tú sales, no sólo te ayudará a ti sino a más gente. Si consigues salir adelante le darás la fuerza a otros para poder hacerlo.

Incluso, en ocasiones llegan cosas buenas a la vida y no las tomas porque no sabes cómo recibirlas, aun mereciéndolas, pues no estás acostumbrado a vivirlas y menos a mantenerlas, ya que antiguos esquemas son los que sostienen tu forma de vida.

Lo que quiero decir es que para estar bien y sentirte feliz, también hay que aprender a vivir de tal manera, pues has pasado tanto viendo desde cierta perspectiva que en cuanto empiezas a sentirte bien te parece extraño. Así que con este ejercicio vas a empezar a fortalecer la idea de que ¡sí te lo mereces! Tienes que crear un ambiente propicio para recibir. La práctica de visualizar e imaginar qué sí es para ti, te llevará a conectarte más contigo mismo.

Piensa un poco... si no tuvieras el problema que te aqueja; si te plantearas disfrutar más aún la vida... ¿cómo vivirías?, ¿qué estarías haciendo?, ¿cómo disfrutarías la vida?, ¿qué estarías logrando? y ¿a quién ayudarías? Y si encuentras en estas preguntas algo que te guste concrétalo en una frase muy pequeña y anótala, porque vas para allá y construirás ese camino:

_____

_____

Pregúntate si vale la pena lograr esto para ti. Este proyecto te tiene que motivar y si estás dispuesto a merecerlo, crearlo y dártelo, no importa cuántas veces caigas o lo que suceda en el camino; sino todas las razones que tienes para levantarte y decidir cómo quieres vivir tu vida. Y di viéndote a los ojos en el espejo: "¡Aquí estoy y merezco (aquí pones la frase)...!".

5. EN DÍAS DIFÍCILES NO SE ARREGLA NADA

En días difíciles NO SE ARREGLA NADA, ni se toman decisiones que puedan cambiar tu vida en esos momentos, ya que cuando las emociones están fuertes, tu capacidad de ser neutral u objetivo se afecta. Así que si tus reacciones te dominan en este momento, no estás en posición de tomar decisiones que te favorezcan. Necesitas otras herramientas que ahora no las tienes y que son vitales para crear nuevos acuerdos contigo mismo. Date tiempo, espera y confía en el proceso.

Muchas veces ya estás harto de situaciones, relaciones y cosas que te suceden, que has aguantado por mucho tiempo. Te pido que durante este proceso te dediques a trabajar en ti y esperes 15 días al menos después de que acabes de leer el libro para tomar cualquier decisión.

Este tiempo de trabajo será personal y sólo para ti, de tal manera que no quieras que los demás cambien; ni tu familia, ni tu pareja, tus hijos o tus compañeros, sino que tú hagas lo que por derecho te corresponde: sanarte y recuperarte a ti mismo. Comparte tu experiencia con los demás, lo que a ti te ha funcionado, pero no con prédicas, sino con lo que en tu vida se ha transformado, o sea que vean tus acciones y sientan el resultado de las mismas.

6. SÓLO SE VIVE UN DÍA A LA VEZ

En estos momentos del proceso ni se piensa en el futuro ni en el pasado y si bien por esos rumbos puede que ande tu mente, ahora harás un pacto contigo: *¡sólo por hoy vas a vivir el día!*

Es importante que hagas este acuerdo contigo, pues la energía que tienes disponible ahora la necesitarás para reconstruir tu presente. No te pelees, concéntrate en lo que verdaderamente es importante para ti y lo demás déjalo ir. Date cariño. No te obligues a marchas forzadas. Respeta tus ritmos físicos, mentales y emocionales de este momento que, tal vez no sean los mejores, pero son los que hay y tendrás que aprender a vivirlos.

Por ejemplo, si tienes insomnio date descansos de cinco minutos durante el día, las veces que lo necesites. Imagina que la gente que ves afuera tiene cuatro pilas para el día y tu sólo una. Tienes que ayudarte a concentrar tu energía en lo que es importante para ti y utilizarla. Es como traer tu cargador contigo para que dure tu batería, así que date pequeños descansos.

La tarea es hacerlo paso a paso, la gente cree que existen soluciones rápidas, pero la realidad es que todo se consigue por medio de procesos. Sé que quieres resultados, quizá volver a ser el de antes. Hay muchas cosas por hacer y la convicción de la urgencia se expresa con un grito de ¡Ya! La rapidez del mundo en que vivimos nos hace tener la idea de que así es como tenemos que vivir; pero nuestro diseño humano posee otro ritmo y proceso, además de que a cada uno de nosotros nos toca vivir situaciones diferentes. Por eso es importante que conozcas los procedimientos a seguir cuando te enojas; cómo cuidar tu energía y cómo enfocarla en lo que sí quieres que suceda. Así que hay que vivir un día a la vez, ya que la tarea que debemos hacer desde que llegamos a este mundo la comenzamos a forjar cuando ya somos adultos y eso requiere tiempo, espacio y amor hacia nosotros mismos.

7. CAMBIA TU FISIOLOGÍA

Cuando no estás bien, tu fisiología se tensa y toma posturas de defensa, por lo que es importante moverla. La rigidez de tu cuerpo se trasmite a la forma en que regularmente resuelves los problemas.

La combinación de las emociones y los pensamientos que vives a diario hace que experimentes una cierta postura, química interna en tu cuerpo y un patrón de comportamiento; cuando rompes este ciclo todo empieza a cambiar en ti rápidamente.

Así que algo que te puede ayudar mucho es hacer cosas locas como vaciarte encima un vaso de agua fría, meterte a bañar, saltar moviendo todo el cuerpo, gritar, hacer 50 sentadillas, 100 abdominales, poner música y bailar, etcétera. Cualquier cosa que haga que tu cuerpo salga de la rigidez.

Dependiendo de cuál sea tu estilo de vida haz lo contrario. Por ejemplo, si eres muy pasivo realiza algo que te mueva y saque de tu estado; pero si eres alguien muy activo tendrás que hacer algo relajado como oír música suave o bailar ritmos ligeros para que se hagan nuevas conexiones neuronales y los patrones de vida que no te gustan se interrumpan, dándote la posibilidad de empezar a crear modos de vida que sean enriquecedores para ti.

Sé creativo y mueve tu fisiología para que salga del estado en que generalmente se encuentra.

RECORDANDO...
LOS 7 PASOS PARA HACER EQUIPO CONTIGO

1. Ríndete hoy, ¡deja de luchar! Deja tu costal a un lado por las noches.
2. Recuenta lo que sí se logró hoy.
3. 15 minutos para sentirte mal.
4. Juega a creer en ti. ¡Yo estoy aquí! ¡Merezco…!
5. En días difíciles no se arregla nada.
6. Sólo se vive un día a la vez.
7. Cambia tu fisiología.

Y por último…

¡HAZLO DIVERTIDO!

Lo mismo cuesta aprender y crecer disfrutando, que pasar los momentos de la vida sufriendo. Sé que puedes estar atravesando por una situación muy dolorosa o estar cansado de la vida que has llevado hasta hoy o sientes que le falta sabor a la tuya, créeme que te entiendo y sé cómo te sientes, pero el cambio hay que hacerlo con alegría, ligereza y diversión. Empieza a practicar y tómalo con filosofía; juega con la idea del cambio; encontrar el amor hacia ti te quitará mucho peso de encima; además, hallarás formas de ser creativo.

Haz cosas diferentes en lugar de enojarte contigo; escucha música, sal a caminar, haz un pastel, ayuda a alguien, etcétera. Sé creativo y amoroso con tu persona.

Hay una frase que apunta: "No te tomes tan en serio, nadie más lo hace". Te darás cuenta que quien hace más grandes las cosas siempre es uno mismo. Habla de ello con alguien, busca soluciones, toma pequeñas acciones y experimenta las mejoras.

Diviértete. Dice Lawrence West: "Cuando algo esté muy difícil, lo que hay que hacer es algo más sencillo".

Sal a caminar, abraza a alguien, ve una película divertida, haz algún pequeño cambio en tu trabajo que lo convierta en agradable.

Lee un libro, da un paseo, canta, encuentra algo que te apasione, toca un instrumento o haz algo ridículo; pero ¡hazte el camino agradable! En las cosas sencillas está el secreto para disfrutar la vida.

Te voy a platicar una historia: Alguna vez a unos amigos les fue muy mal económicamente y no tenían oportunidad de salir a pasear como acostumbraban, así que en vez de enojarse más por esa situación, encontraron en los juegos de mesa en familia una oportunidad de pasar las tardes y lograron un punto de unión entre ellos que antes no tenían. Fue un aprendizaje que les hacía falta.

Recuerda que aunque no lo parezca, hoy tu vida es una oportunidad de aprender nuevas cosas y de conocer herramientas que te fortalecerán en más áreas de tu vida. Observa lo que ya está aquí para ti y tómalo agradecido como punto de partida.

EJERCICIO:

Escribe cinco cosas que puedan hacer divertido tu día de hoy:

_____

_____

_____

_____

_____

2

Lo que nunca
te enseñaron

"Aprender es descubrir lo que ya sabes. Actuar
es demostrar que lo sabes. Enseñar es recordarles
a los demás que saben tanto como tú. Sois
todos aprendices, ejecutores, maestros",

Richard Bach

LO QUE NUNCA TE ENSEÑARON

A través de la vida te enseñaron a portarte bien; esto es a obedecer, ser buen hijo, amar al país y respetar a tus mayores. Pero a pocos les enseñaron a conocerse y pasar tiempo consigo mismos.

Cuando uno acaba la escuela o decide que es momento de hacer su vida, pareciera que ya estamos listos. Tenemos la ilusión de que "¡ahora sí, a disfrutar y vivir!", pero no te das cuenta de lo que realmente pasa; es cuando empieza la vida real. Y muchas veces no tienes las herramientas para enfrentarla.

A continuación te voy a decir cosas que seguramente nunca te explicaron, que son importantes para entender qué sucede contigo y cómo utilizarlas a tu favor.

¿TE ACOMPAÑAS O TE ABANDONAS?

Cuando llegaste a este mundo, tomaste la decisión de acompañarte a vivir la experiencia. Para mí, nacer es como cuando resuelves irte de vacaciones: a dónde vas a ir, con quién, cuántos días, etcétera; pero buscas pasarla muy bien y disfrutarlo.

Así pues, cuando naciste, llegaste con la capacidad de expresar lo que eres y darlo a este mundo. Pero desde los primeros años de vida pasan cosas que hacen que abandones lo conseguido.

Esto porque buscas aceptación, que te quieran, que tus padres te amen y las personas que viven a tu alrededor te aprecien e integren a su entorno. Así que aceptas cosas; crees en otras por amor a los demás, pero las cosas que aceptas hacen que te alejes de ti, logrando que busques el amor y la expresión a través de lo que otros aceptan y creen que eres. Entonces dejas de buscar dentro de ti lo que realmente necesitas.

¿Cómo saber que te has abandonado? El sobrepeso, el insomnio, el trabajo en exceso, las enfermedades, el estrés, la culpa o la tristeza significan que has desatendido alguna área de tu vida.

Los niños empiezan a alejarse de sí mismos, pues buscan el amor de sus padres o de las personas que los cuidan. Así es como empiezan a ser de alguna manera diferentes, en espera de aprobación; creando una historia y un personaje que representarán para sentir que pertenecen a su entorno.

En los adolescentes, es un proceso común de la naturaleza por la edad, abandonar sus creencias y lo que pensaban de ellos mismos, porque buscan su transformación hacia un ser integral. En estas dos etapas se necesita que la persona se vuelva a acompañar a sí misma.

Para ello, hay que reforzar en los jóvenes lo que sí hacen bien, acrecentando al máximo su autoestima. Hay que ponerlos a hacer cosas para las que son buenos, sin importar si no lo son para otras tareas. Se trata de engrandecer las cosas y labores que sí hacen bien. Eso les ayudará a volver a conectarse con ellos mismos.

En la etapa adulta, como no hemos reforzado el músculo de autoacompañarnos, el hombre, por ejemplo, se abandona si su ego no está bien alimentado. ¿Qué quiere decir esto? Pues que si no es productivo y exitoso para lo que cree que debe serlo, su autoestima empieza a decaer; se descuida, busca escapar a través de pasar horas ante la televisión, el alcohol, los amigos. Se esconden en sus cuevas, dado que no están logrando lo que se esperaba de ellos.

Las mujeres también se abandonan. La actitud más común es dar todo por los hijos, la pareja o el trabajo, en su caso. Otras deciden descuidarse y andan como muertas en vida.

Otras personas, en pro del amor, se la pasan fijándose en lo que están haciendo los demás porque los quieren proteger; creen que pueden ayudarles a ser mejores. Pero esto es una falta de contacto personal; prefieren ver en el otro, que observar lo que realmente ellas necesitan. Es vivir la vida de alguien cercano, en vez de atreverse a vivir la propia.

Otras veces sucede que te ha ido bien en la vida. Las cosas han salido perfectas dado que los factores externos y la seguridad en ti mismo te han acompañado. Pero cuando estos elementos se caen, como, digamos, un buen trabajo, la juventud, la pareja o cuando ocurre la pérdida de un ser querido, te encuentras descobijado buscando que se acomoden de nuevo esos factores externos para volver a sentirte completo.

Esto es resultado de que hiciste un castillo de arena sin cimientos sólidos. Así es; te empieza a ir bien, te sientes muy contento, pero no observas lo que pasa y por qué se dio. Simplemente lo disfrutas. Y justamente cuando se derrumba, te das cuenta de que no sabes qué era lo que te mantenía unido a ti mismo. Entonces querrás recuperarlo a toda costa; pero mientras no te autoacompañes, será muy difícil recobrarlo, pues lo primero que necesitas para lograrlo es estar contigo.

También puede ser que las cosas no te hayan salido como querías y decides enojarte contigo, castigándote como lo hacían tus padres cuando eras pequeño, por no dar los resultados que se esperaban de ti.

El abandono en grado extremo se refleja en la apatía, en la falta de ganas por vivir. Cada día se vuelve más pesado y aburrido... la vida llega a no tener sentido. Te invito a que te des cuenta de qué manera te abandonas. Cualquiera que sea tu situación es imperante reconectarte contigo mismo, para salir adelante.

En la vida quieres hacer equipo con todos menos contigo.

Buscas que el otro te quiera como tú solamente sabes quererte, que el de enfrente descubra lo que vales, pero ese valor sólo te lo puedes dar tú.

La finalidad de un equipo es buscar que se llegue a la meta.

Cuando platicamos sobre Intención, definiste tu objetivo; ahora yo te pregunto: en tu equipo personal ¿quién es el capitán del equipo? Por ejemplo, se te ocurre una gran idea según tú, rápidamente te pones la camiseta de líder de tu conjunto y dices: "Sí. Lo voy a hacer", y a los pocos minutos entra el miedo, la duda, la falta de confianza en ti mismo, haciendo que vuelvas a la rutina.

Acompañarte a ti mismo te da la oportunidad de conocerte, creer en ti, darte el amor que necesitas para vivir a través de ti. Es verte al espejo sabiendo tu historia y poder decir "¡ése soy yo!", sabiendo todo de ti, con las cosas agradables y desagradables, aprendiendo de ti en cada momento.

Si quieres aprender a acompañarte a ti mismo, tendrás que ponerte de capitán de tu equipo desde tu SER, expandiéndolo para que con tu sabiduría interna te lleve a lo que está destinado para ti.

Escoge un área en la que te abandonas y escribe tres formas diferentes en las que puedes empezar a acompañarte a ti mismo hoy.
¡Ponte en acción!

_____

_____

_____

_____

MOVER NUEVOS MÚSCULOS

Los músculos son tejidos en el cuerpo que contribuyen a generar el movimiento, dando fuerza y sustento. Si utilizamos esto como metáfora imagina que hay soportes emocionales que son mecanismos, comportamientos, patrones, actitudes que vives en cada situación y que los has fortalecido a lo largo de los años.

Si el mecanismo que utilizas funciona para ti no hay problema, podrías decir que ese tejido está tonificado. Pero muchos patrones que usas te lastiman y alejan de ti mismo, esto quiere decir que tienes un músculo que está muy activo, pero el que necesitas para estar bien está flácido y sin movimiento.

La intención de que utilices esta metáfora es lograr que muevas nuevos músculos, patrones, recursos, actitudes que te lleven a lograr lo que tú necesitas para ti mismo, generando un camino que valga la pena. Por lo general estás acostumbrado a reaccionar del mismo modo ante los problemas; como si estuvieras en "automático". Por ejemplo, si cada vez que mi pareja sale en las noches, sólo me preocupo por lo que le pueda pasar; con quién estará, etcétera, estaré creando desconfianza y enojo, dando pie a un conflicto. Muevo más el músculo del pensamiento y menos el de "qué necesito en este momento".

Cuando empiezas a fortalecer un músculo nuevo, dejarás de mover otro que no estaba siendo tan saludable para ti. Así que al principio (como en el ejercicio), no sentirás hacer lo mejor para ti; incluso te puede caer gorda la abstinencia de ese patrón que te hacía concebirte mal.

Para lograr esto, lo único que necesitas es practicar a diario lo que sí quieres que pase en tu vida, y crearás *momentum*, que es la cantidad de movimiento sobre un objetivo a una velocidad determinada; es decir, la cantidad de energía y disciplina que vas a aplicar para mover nuevos músculos; con lo cual, crearás un nuevo impulso que se verá reflejado en tu vida. Esto hará que se vuelva ¡apasionante el camino!

Si lo haces de esta manera, sentirás cuáles son los músculos que sí necesitas que estén más firmes, cuáles son fáciles de usar y sobre todo desarrollarás herramientas que potencializarán tus resultados.

BORRA DE TU VIDA LA PREGUNTA "¿POR QUÉ?"

Los eventos difíciles suceden como entrenamiento para adquirir nuevas herramientas que te lleven a ser más feliz, a expandir tus capacidades para aprender a disfrutar los regalos que hay para ti. Ya que sin la experiencia de los mismos no sabrías cómo apreciar la vida. Ser humilde, entre otras cosas.

"La calidad de tus preguntas te dará la calidad de tus respuestas", tal como lo apunta Jason Tyne, fundador del Play Big Research Institute; es por esto que no vale la pena enojarte contigo mismo o con los demás, pues lo único que ha sucedido es que no te has hecho las preguntas correctas.

Para que tengan mayor calidad las respuestas tienes que dejar de preguntarte "¿por qué me pasa esto?, ¿por qué yo?", etcétera. El "¿por qué?" solamente te debilita y deja menos energía de la que tienes ahora, creando laberintos internos muy desgastantes en la búsqueda de culpables y sobre todo, sin soluciones efectivas.

En este libro aprenderás a enfocarte en lo que necesitas para disfrutar la vida. Por lo general te conduces siguiendo patrones como el mencionado, que son como toboganes que se crearon desde hace mucho tiempo, donde simplemente te subes y eres efecto de los mismos, cayendo en el hoyo de siempre. Para empezar a crear nuevas realidades es necesario que hagas nuevos caminos con lo que sí quieres que pase en tu vida. Así que cada vez que te encuentres enredado en tus pensamientos de "¿por qué?", utilizarás algo que llamaremos "palabra clave" que te ayudará a recuperar tu poder personal.

Como primer punto encuentra o decide una palabra que al pronunciarla te produzca fuerza y seguridad para detenerte en el camino. En mi caso la que escogí es "¡ALTO!". Así, cada vez que te des cuenta que estás en ese diálogo interno desgastante, di "¡ALTO!" (o tu "palabra clave") y respira. Esto creará un espacio entre tú y tus pensamientos y actuará según lo que necesites (en capítulos posteriores hablaremos de estos elementos. Ten presente tu "palabra clave", pues la seguirás utilizando).

El exceso de pensamientos te quita energía y deja poca capacidad de acción. Hay una chiste que cuenta mucho mi esposo, que tiene que ver con esto:

Érase una vez una competencia para ver quién cruzaba una alberca llena de cocodrilos, otra llena de pirañas y por último una de tiburones. Ahí estaban el participante francés, el ruso y el alemán. Entonces pasa el francés que cruza la alberca de cocodrilos, llega a la de pirañas y ¡ya no sale! Toda la audiencia gritaba "¡bu, bu, bu!". Toca el turno al ruso y cruza la alberca de cocodrilos, pasa la de las pirañas, se avienta a la de tiburones y a la mitad ya no emerge. Todos los espectadores gritaban consternados y enojados por la falta de espectáculo. Por último el alemán entra a la de cocodrilos y sale, va a la de pirañas y sale victorioso, así que entra a la alberca de tiburones, ya está por acabar y se lo comen. Mientras tanto, el locutor decía:

—Pues creemos, querido público, que nadie va a ganar la competencia.

—Y de repente dice—. ¿Pero qué es lo que veo? ¡Otro participante!

—Y empieza a narrar el suceso:

—Entra a la alberca de cocodrilos y ¡sale!; entra a la de pirañas y ¡sale!; entra a la de tiburones y ¡sale!… ¡No lo podemos creer! —Y acercándose rápidamente al audaz competidor, le cuestiona: —Señor, por favor ¡díganos unas palabras! —Y el hombre todo agitado y enfurecido contesta buscando entre la multitud: —¡¿Dónde está?! ¡¿Quién fue el maldito que me aventó?!

Hay veces que así pasa en la vida y cada quien decide qué preguntar y en qué enfocarse con lo que le sucedió.

QUIERO vs. NECESITO

¿Para ti qué es más importante, lo que quieres o lo que necesitas? ¿En tu vida qué va primero? ¿Siempre buscas lo que quieres aunque no te des a ti mismo lo que necesitas?

Querer viene de la mente; es un deseo, algo que te gusta, que crees que vale la pena y muchas veces estás dispuesto a hacer lo que sea para conseguirlo. Necesitar viene de tus valores, de lo que para ti realmente importa de corazón y requieres en este momento.

En la sociedad humana se dice que tienes que hacer muchas cosas para poder SER, así que se van formando en la mente muchos sueños de cómo tener para así alcanzar el objetivo; cómo debe ser la vida ideal, cómo la tienes que vivir o cuál sería el trabajo perfecto y la familia magnífica para ser tú mismo. Entonces vas por la vida buscando una cosa y otra, haces esto y lo otro; por ejemplo, podrás decir: "Quiero un coche, una casa, una pareja, un viaje, un mejor trabajo, etcétera", pero ahora te pregunto ¿para qué lo quieres?

Cuando ya lo tengas ¿qué vas a hacer?

Si ya tienes la respuesta te darás cuenta que en la mayoría de las ocasiones es para poder SER y sentir lo que realmente YA ERES. ¡Puedes sentirlo y vivirlo!, pues lo que buscas siempre es ser feliz.

Una vez estaba con un cliente que decía que la vida pasaba y no encontraba pareja, entonces le pregunté para qué la quería.

Un poco enojado respondió que quería tener hijos, como cualquiera. Enseguida le pregunté qué iba a hacer cuando tuviera esos niños, a lo que respondió que quería darles ejemplo y consejo. Luego le interrogué si tenía sobrinos. Dijo que sí.

Entonces él tenía la posibilidad de empezar ahora mismo a lograr el propósito de dar consejo y ejemplo a alguien; dejando de preocuparse porque aún no llegara lo que quería. Lo que necesitaba ya estaba ahí.

Por lo general, lo que necesitas hoy para sentirte completo lo confundes con tus sueños. Querer viene de expectativas, de tus metas y, muchas veces, no de lo que necesitas para ser feliz hoy.

Los "quiero" están en el futuro, en tener; y los "necesito", en el presente, en tu esencia, en el hoy. Tú quieres ganar mucho dinero, ésa es tu meta, pero primero tienes que saber para qué necesitas ganarlo. Tu respuesta puede ser "para sentirme feliz, para gastarlo en lo que yo quiera, para darle a mi familia lo que necesita, etcétera", y está basado en tus valores, lo que vale desde ti mismo. Pero lo que no sabes es que desde hoy puedes darte a ti mismo eso que necesitas; mientras te ocupas en crear el camino para que llegue lo que anhelas.

Cualquier respuesta es válida, pero día con día necesitas cosas para ti que te alimenten, que te hagan fuerte, que te hagan disfrutar la vida; tales como descansar, darle espacio a tu familia, reconocer los pequeños logros diarios o ir con ese cliente que no has visitado.

El problema de querer tantas cosas es que se vuelve prioridad pensar cómo le harás; fijándote en lo que tiene el otro, cuánto tiempo hay, ideando estrategias que disipan tu energía y te llevan a no hacer nada o muy poco. Como tienes escasa conciencia de lo que necesitas hoy te desgastas en ideas y sueños que aun y cuando llegara eso tan anhelado, no sabrías qué hacer con ello, ya que no estás en tu centro. Digamos que darte a ti mismo cada día lo que ocupas, es el equilibrio para llegar a cumplir tus sueños. Es como El Chavo del 8 (personaje de la serie de comedia mexicana de los años 70 del mismo nombre), que cuando le ocurría algo que lo hacía feliz se ponía a brincar y hablar como merolico, gastaba toda su energía, sin generar una acción o estrategia para llevarla a cabo de acuerdo a lo que necesitaba.

"Necesitar" viene de lo que te hace sentir como tú ERES, de tu propia verdad, de lo que hoy, para ti, es oxígeno puro; nace del SER, de tu realidad que conlleva una sensación de paz y neutralidad; que simplemente se percibe. No sólo estoy hablando de las necesidades básicas como comer, dormir, trabajar, sino de lo que realmente necesitas hoy para ser feliz, para poder dormir en la noche diciendo antes "¡Hoy viví!".

Imagina que te encanta bailar y quisieras que a tu pareja también le gustara, pero la realidad es que no es así. Tú tienes esa necesidad y gusto por el baile, entonces ¿cómo puedes conseguir lo que necesitas? La intención es que logres ser feliz en lo que tú sabes que es para ti, pero como a tu pareja no le gusta, entonces la inculpas, te enojas. Pero no te has dado cuenta que dejaste de seguir lo que necesitas y por eso quieres que el otro te ayude a conseguirlo. Cuando lo mejor sería que tú vayas por lo tuyo y ames a los demás como son.

Otro ejemplo de esto es una persona que necesitaba sentirse amada. Era una necesidad muy importante. Me platicó que con su mamá siempre le había sido difícil encontrar ese apapacho. Hasta que un día decidió que el abrazo deseado era suyo por derecho y fue a tomarlo. Así, cada vez que estaba con su madre le jalaba los brazos y se metía entre ellos, sintiendo el amor que necesitaba.

Su mamá daba el abrazo como podía, pero ella encontró una forma de recibir lo que le era importante.

A través de la vida aprendiste que tienes que ser alguien y que si no tienes, no eres. De tal forma que buscas tener todo lo que te gusta y sueñas. Pero sólo si sobra tiempo, te darás a ti mismo lo que necesitas, postergando el descanso, la comida sana para tu cuerpo, estar con los tuyos, por mencionar algo. Dejas a un lado lo que realmente importa; como reconocer tu valor, tu buen trato hacia los demás, tu capacidad para tomar las mejores decisiones, etcétera, cosas que realmente te dan equilibrio.

Quienes viven el hoy con base en lo que necesitan son más plenos, se conocen a sí mismos y se aperciben de que un "quiero" está conformado por muchos "necesito", encaminados hacia el proyecto y la persona misma. Lo que importa es el camino hacia la meta. Cada logro personal es lo que da alimento a tu alma, para que cuando llegue ese quiero, tú estés ahí para recibirlo y sepas disfrutarlo, porque tú ya eres eso.

Piensa, si en este momento te dieran una varita mágica... ¿Cómo sería un día ideal para ti? ¿Qué estarías haciendo? ¿Con quién andarías? ¿Cómo te sentirías? Ahora te pregunto: ¿cada cuándo te das a ti mismo un momento ideal?, ¿una vez al día, a la semana, al mes o nunca? Cuando te lo das ¿cómo te sientes?, ¿te gustaría vivir así cada día?

Los "quiero" son necesarios y valdrán la pena si te das lo que necesitas a cada momento. En esa medida se acomodará el camino para que llegue lo que es para ti, acompañado de una sensación de paz que es muy rica y te satisfará.

EJERCICIO:

Contesta las siguientes preguntas

1. Plantea un Quiero de tu vida.

_____

2. ¿Qué necesitas hoy para lograrlo? ¿Qué necesitas hoy tú para sentirte pleno?

_____

Escribe una acción junto con esta información.

3. ¿Cuál sería un momento ideal para ti hoy?

_____

4. Planéalo y empieza a dártelo hoy.

_____

CONÉCTATE CON LO QUE SÍ HAY

Cuando uno vive en estrés diario o una etapa difícil, pareciera que nada funciona bien; las cosas se descomponen, no llega el dinero como se necesita, hay enfermedad, se complica todo. Pero una noticia buena es que nada de eso define lo que eres. Hoy quiero decirte que estás en un proceso donde encontrarás la mejor versión de ti.

La misma rapidez de la vida te desconecta muy fácil del entorno y pareciera que estás presente, pero en realidad no es así.

Es necesario conectarte con lo que sí hay.

Lo que sí hay a tu alrededor son todos los acontecimientos que están pasando en este momento; es como cuando un niño va al mar y lo revuelca una ola; al salir del susto de no poder respirar (agua, arena y movimiento), tiene que ubicarse para saber en dónde está. Cómo se encuentra su traje de baño, observar cómo se siente y decidir si vuelve al mar o no.

Pues más o menos pasa lo mismo en el día a día; te revuelca la ola y hay que buscar conectarse con la realidad, con tu entorno.

Pero lo que ha sucedido hasta hoy es que estás tan ocupado con tus problemas que no alcanzas a ver qué necesitas y si en este momento te asomas a la ventana utilizando tus cinco sentidos, te darás cuenta que hay millones de cosas pasando fuera y dentro de ti.

Lo que sí hay, es todo lo que puedes encontrar a tu alrededor. Puede ser físico, emocional o mental. Por ejemplo, si sientes que tu energía está por los suelos, que siempre estás cansado y tu mente, como loca dándote información, ¡vete a caminar a un parque o camina a tu trabajo!

Esto ayuda a centrar tu energía en un mismo evento: concéntrate en tus pisadas, paso a paso, respira y siéntelas como si estuvieras reconociendo tu forma de pisar, porque eso sí es un recurso con el que cuentas.

Se necesita que salgas del juego de tu mente para que adviertas los elementos que conforman tu presente. Ya que estás tan conectado al problema, que tu capacidad de disfrutar el ahora es nula. Así que si haces este ejercicio todas las veces que puedas al día, podrás tener más elementos para vivir el momento de hoy y dejar de estar en el pasado o en el futuro.

Permanece al aire libre todo lo que quieras. Conectarte con la naturaleza ayuda a enfocarse y drenar la masa de energía que se crea en momentos de estrés. Siente la brisa del aire, aprecia la lluvia, anda descalzo o nada; date unos minutos para respirar detenidamente, cierra tus ojos un poco y siente, sorpréndete de lo que pasa a tu alrededor... Lo que tu ambiente te dé, regálatelo.

Siéntate en una banca o, mientras caminas, identifica objetos cercanos y lejanos. Haz estos sencillos ejercicios cuando necesites ubicarte en el presente. Toca la ropa que traes puesta, conéctate con lo que está sucediendo ahorita en tu vida. Durante unos minutos al día vincúlate con lo que sí hay en tu vida y deja a un lado la nube que a veces está a tu alrededor.

DEDÍCATE A PASAR TIEMPO CONTIGO

Empieza a conocerte. Por lo general, cuando estás en momentos difíciles, etapas de cambio o retos, te dedicas a observar y aquilatar lo que te duele y buscas de muchas maneras dejar de sentir lo que no te gusta.

¿Estar tiempo contigo? Podrías decir: "Si me la paso conmigo y no me gusta mucho". Se trata de eso; que vuelvas a crear una relación de amor, respeto y conocimiento con tu persona. Este punto es muy importante, pues eres el creador de tu situación y el único que la puede cambiar. Pero tienes que conocer lo qué sucede ahí y empezar a reconectarte, volviendo a amarte bajo cualquier circunstancia.

Debes conocer tu ritmo y qué es lo que funciona para ti. Por eso tienes que pasar tiempo contigo. Esto es fácil; por ejemplo, cuando compras el mejor aparato electrónico, lees el instructivo o intuyes cómo funciona. Si tiene poca pila sabes qué hacer, que si hay que reiniciarlo, etcétera. Esto, en los animales es innato, así que a lo que me refiero ahora es a una etapa de descubrimientos, reconstrucción y nuevos logros. No quieras cambiar y hacerlo todo rápido. Tómate tu tiempo. Pues por lo general la televisión, el celular, la computadora y otros distractores te alejan de ti. Es como si te pusieras en pausa, para regresar después a tu estrés habitual de vida. Cada quien tiene su ritmo, así que encuentra el tuyo.

Está claro. Por estas semanas vas a ser un observador de tus ciclos, de cómo funcionas, qué sucede en ti cuando las cosas se ponen difíciles, sin justificar por qué lo haces, simplemente observando.

CONOCE LOS CAMINOS

Decía Don Juan Matus, un chamán en el libro *Las enseñanzas de Don Juan, una forma yaqui de conocimiento*: "Todos los caminos son los mismos, no conducen a ningún lugar. La pregunta sería ¿este camino tiene corazón? Si tiene, el camino es bueno, si no, de nada sirve. Ninguno de los caminos conduce a alguna parte, pero uno tiene corazón y el otro no. Uno torna el viaje alegre, mientras lo sigas serás uno con él. El otro hará maldecir tu vida. Uno te torna fuerte, el otro te debilita. Tú crees que hay dos mundos para ti, dos caminos, pero sólo existe uno. El único mundo posible para ti es el mundo de los hombres, y no puedes elegir abandonarlo"[1].

Es como si tuvieras una misma cantidad de energía o de fuerza para un camino o el otro. Te va a costar trabajo, disciplina, vas a ser productivo y con tu esfuerzo generarás abundancia; pero también si decides no hacerlo te va costar tristeza abandonar tus sueños, te confrontará a ti mismo, desperdiciarás tus talentos, te incapacitarás, vivirás sintiendo emociones como el enojo; entrarás en depresión, provocándote enfermedades.

Lo que sea para ti, ahí está y tú tienes el derecho de tomarlo; podrás negarlo o sustituirlo por otra cosa, pero tu SER sabe lo que es verdadero para ti.

Prueba los caminos las veces que sea necesario, hasta que estés seguro de cuál es para ti. Podrás cambiar el rumbo cada vez que ya no sientas que esa vía tiene corazón.

Además, también debes saber que todo proceso de cambio no es lineal sino a través de ondas. ¿Qué significa esto? Que aunque estés dando todo para salir adelante habrá momentos en que no te sientas bien. Parecerá que volviste a caer, pero es parte del proceso de crecimiento, pues todo ser vivo tiende a transformarse continuamente haciéndolo a través del cambio y el movimiento constante.

Aun cuando vayas de subida hay pequeñas bajadas; es decir, lo que tradicionalmente llamamos "recaídas" son la parte baja de la subida; no es que caigas, sino que todavía falta algo por aprender que no habías visto y que necesitas para seguir subiendo.

En 1974, el doctor Clare W. Graves, profesor y psicólogo, escribió y describió los cambios que se producen en la conciencia humana e hizo varias investigaciones y estudios durante más de

---

[1] Castañeda, Carlos. *Las enseñanzas de Don Juan, una forma yaqui de conocimiento.* Fondo de Cultura Económica de España, S. L., 2001.

20 años, desgraciadamente murió antes de que fueran publicados. Él habló de que al crecer pasas por etapas en la vida, las cuales no puedes saltar, y transitas forzosamente por cada una de éstas en secuencia. Cuando pasas de una etapa a la otra también hay un proceso de transición donde caminas por momentos desde la estabilidad en la etapa anterior al estrés que empieza a moverte, después al caos, para subir a una renovación y llegar a una nueva estabilidad:

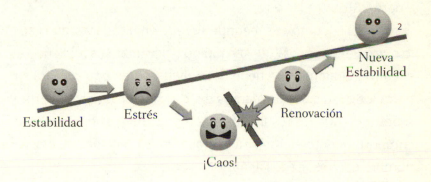

La línea representa nuestros patrones de conducta, las condiciones actuales de vida y la supuesta estabilidad a la que estábamos acostumbrados.

El estrés y el caos son el resultado del espacio que se da a lo que se espera de las condiciones actuales que la vida nos demanda, entre mayor sea el espacio entre éstas, mayor será el ímpetu de buscar un cambio.

Entonces, la parte baja de un proceso de cambio es esencial para pasar esta prueba de aprendizaje, pues te ayudará a estar mejor y fortalecido. Por tanto, cada vez que caes en el hoyo es una oportunidad de conocerlo mejor, de tomar nuevas herramientas

---

[2] *El proceso de cambio* http://www.throughyourbody.com/dr-clare-gravesspiral- dynamics-human-evolution/

que están ahí para ti, de sanar un pedacito más y sobre todo de salir de él cada vez más rápido. Hasta que llegue el momento en que ya hayas recuperado todo lo que estaba ahí y sea parte de tu historia de vida, sin emoción, sólo como aprendizaje y como una etapa más que terminó.

Por ejemplo, si a una plantita no le das agua, lo que pasará es que va a morir poco a poco; en el caso contrario, si la alimentas con lo que necesita (agua, abono, amor), crecerá cada vez más y dará frutos.

Aquí el punto es saber qué sucede en ti cada vez que caes, lo que quiero decir es ¿qué tan rápido te levantas? La resiliencia es el convencimiento que tiene un individuo o un equipo para superar los obstáculos de manera exitosa sin pensar en la derrota. A pesar de que los resultados estén en contra, al final surge un comportamiento ejemplar a destacar en situaciones de incertidumbre con resultados altamente positivos.

Es como en el surf, cada vez que caes en la zona de impacto (donde se rompe la ola), lo importante es salir, levantarte y volver a montarte en tu tabla, ya que no sabes qué viene después de esa caída y lo que quieres es dominar la ola. Las caídas son para encontrar y recuperar recursos que están ahí para ti, dándote la oportunidad de entrar para sanar y salir a continuar con tu vida, con lo que sí es importante para ti. Las equivocaciones son parte primordial de la vida, pero no sé por qué razón nos enseñaron que es malo equivocarse y que sólo debemos tener éxitos. La realidad es que nadie ha vivido de esa manera y la recompensa viene de conocer que vale la pena el esfuerzo para ti. Pero cuando estas partes bajas las tomas como algo malo, te debilitan, quitándote poco a poco tu energía y alejándote cada vez más de ti mismo.

Adalberto Castro, un gran maestro, me enseñó que cuando vives las equivocaciones como un aprendizaje es como un ventilador que se está apagando. Cuando estaba encendido el aire movía, tumbaba, hacía ruido, pero una vez que lo has desconectado, sigue aventando aire por la misma inercia que tenía, mas ya está apagado. Lo importante es que te des cuenta que ya lo apagaste y continúes tu camino.

Es necesario que sepas esto, pues a veces crees que por más que haces lo que necesitas no funciona, y la verdad es que sí estás generando cambios a tu favor.

A mí me pasó muchas veces que volvía a conectar el ventilador, ya que me asustaba, lo sentía y me convencía de que no lo había apagado. Por tanto, no me sentía como esperaba.

Cuando te des cuenta que ya lo apagaste, suelta el cuerpo y dedícate a readaptarte a las nuevas circunstancias y a practicar cómo es vivir sin ese problema, entonces empezará la creación de nuevos caminos para ti.

CUANDO TE ENLODAS

¿Recuerdas la historia del principio? Ese hoyo del que se habló es una metáfora sobre situaciones que creamos para reafirmar las creencias que tenemos sobre la vida. Así que cada quien crea el suyo y decide qué elementos tomar de las experiencias que vive para justificar meterse en él.

Cuando estás ahí dentro es porque tú decidiste meterte manchándote de todo lo que hay adentro. ¿Por qué? Es simple. Es el camino que has forjado por mucho tiempo, y creaste patrones que te llevan a ser adicto a tales comportamientos.

La forma en que te metes es cuando te victimizas, enojas, te culpas a ti o a los demás y éste es el patrón que siempre has acostumbrado..., pareciera que tu mismo cuerpo te pide ese tipo de sensaciones y se siente raro cuando no las obtiene.

En la medida que subas al tobogán que te lleva al hoyo de siempre, te mancharás y en esa misma proporción vas a tardar en limpiarte. ¿Qué quiero decir con esto?

Que para caer se requiere tiempo, espacio, energía. Y de la misma manera, para salir, necesitas los mismos elementos. Por ejemplo, si saliste a la calle y te manchaste de lodo el cuerpo, vas a necesitar más tiempo para limpiarte que si sólo mancharas tus manos.

Estamos regidos por las mismas leyes del universo, lo que sucede en el mundo físico sucede en tu mundo interno. Si aprendes a manejarte por dichas leyes será más fácil salir y podrás comprenderte aún más a ti mismo.

Así que la próxima vez que te enlodes en tu hoyo sé responsable de ti, sin juzgarte a ti o a los demás y reconoce que salir tiene su proceso, dependiendo de cuánto te salpicaste.

Por ejemplo, si entraste en un conflicto de celos, te enredaste en tu mente y volviste a caer en tu mismo juego, vas a tardar en salir de esa situación proporcionalmente a la importancia que le hayas dado, incluso puede llegar a afectar tu cuerpo con insomnio, diarrea, dolor de cabeza o debilidad. De tal forma que, como se mencionó anteriormente, es mejor dejar correr el proceso de sanación sin juzgarte y con la práctica te irás restableciendo más rápidamente.

Es como cuando te da gripa; no te gusta pero sabes cómo se siente y cuál es el proceso de curación, hay que descansar, quizá tomar una sopita caliente, tomar más líquidos, etcétera, y por el contrario, no dirías que vas a correr un maratón a ver si se te quita. Sabes lo que está pasando, el proceso que debes seguir y cómo actuar. Así pues, de igual manera funciona para ti; sólo tienes que conocer que así es el ciclo.

El punto es simplemente seguir limpiando, crecer, aprender y sanar las áreas que en algún momento fueron difíciles para ti. Decía Thomas Alva Edison: "No me equivoqué mil veces para hacer una bombilla, descubrí mil maneras de cómo no hacer una bombilla". Así pues, cada vez que caes será una mejor forma de no volver a entrar al hoyo y si te tratas a ti mismo con amor, reconociendo este patrón en ti, podrás pasar todas las etapas de una manera rápida y fácil.

SÍNDROME DE ABSTINENCIA

Con todo lo que vas a aprender y aplicar en este libro, te sentirás mejor inmediatamente. Pero esto a veces asusta y es muy normal quererte autosabotear, porque sucede que te acostumbras a vivir luchando, en estrés y sobreviviendo. El mecanismo de tener ganas de sentirte mal, buscar culpables y volver al hoyo, es una forma de protección que la mayoría de las personas utilizamos. Así que puede suceder que lleguen momentos que estés bien y no te guste, ya que el cuerpo se acostumbra a vivir bajo el efecto de ciertas emociones y pensamientos.

Dale su espacio a lo negativo, no lo frenes y simplemente reconócelo en ti.

No te enojes contigo, pues es algo normal; a mí me pasó muchas veces sentir que era más seguro mantenerme en el hoyo que permanecer haciendo las cosas que me hacían crecer y estar bien. Uno no lo hace de manera consciente, pero el resultado es el mismo, pues abandonas lo que sí te funcionaba y sigues en busca de lo que crees te hará salir de ahí, culpando a los demás porque no salen las cosas, en una situación o en otra.

Es como una dependencia hacia algo que no funciona bien y es tan adictiva como cualquier droga, con la diferencia de que cuando te das cuenta de este proceso en ti y sabes superarlo, saldrás más fortalecido, más rápido y con mayor capacidad de disfrutar lo que llegue a ti.

LA OLA

Muchas veces sucede que cuando vas a una terapia, meditación o curso, sales con nuevas ideas o tal vez sanaste algo importante, pero no sabes cómo integrarlo a tu vida. Lo que tienes que hacer es seguir con ésta tal cual y fluir en ella, ya que por lo general cuando llegas a tu casa lo primero que haces es ir con los tuyos para que se unan a tus cambios o a tus deseos de tener expectativas sobre algo; pero sucede que en vez de que haya aceptación, lo que realmente ocurre es un rechazo, porque no te entienden y esto hace que te sientas incomprendido, ya que continúas como siempre, pero ahora tienes más conciencia y no te sientes feliz.

Otras veces sales de la terapia sintiéndote más cansado, sin energía, te enojas y crees que no surtió efecto. Pero no es así en ninguno de los dos casos.

Lo que nunca te enseñaron fue que al incorporarte a tu vida tienes que hacerlo como cuando te metes al mar y vas a atravesar una ola; si la pasas de frente por lo general tragas agua, te pega o quizá te revuelca; la mejor forma de cruzarla es por debajo muy suavemente.

Al regresar a tu vida cotidiana no tienes que hacer nada especial y los cambios se darán con la práctica, construyendo nuevas realidades con los nuevos acuerdos que has hecho, pero es paso a paso.

Al regresar a tu vida tienes que dejarte fluir, integrándote a lo que sí hay, muchas veces la terapia es como una operación y el cuerpo tarda en recuperarse de la misma, así que chiquearte y dejar pasar el día sería la mejor opción.

Cuando salgas de un taller o terapia, es mejor llegar a casa y unirte a lo que están haciendo los demás, ayudar a lo que sucede ahí, ya que no eras parte de lo que estaba sucediendo. La fórmula será interesarte: escuchar e involucrarte.

3

Los elementos del universo

*"Cuando quieres algo, todo el universo
conspira para que realices tu deseo",*
Paulo Coelho

TÚ ANTE EL UNIVERSO

Habiendo puesto en práctica lo anterior déjame empezar a platicarte aún más de ti, lo maravilloso que eres y de dónde vienes. Tú formas parte del universo. Vives bajo sus reglas, éste contiene millones de galaxias y estrellas, la definición de universo significa "el todo" y tú tienes la sabiduría de ese todo dentro de ti, además de su grandeza. Tú vives en la Vía Láctea y dentro de ésta, en un planeta que tiene de diámetro 12.742 km, y eso es grande...

Por ejemplo, el Sol es la estrella más grande que tenemos cerca con un diámetro de 1.391.000 km, pero dentro de los millones de estrellas de nuestra galaxia, la más grande vista hasta este momento se llama VY Canis Majoris (perro grande) con un diámetro de 1.975.220.000 km, y eso es grande...

¿Sabías que el Sol es 1.3 millones de veces más grande que la Tierra y que VY Canis Majoris es 1000.000.000.000 de veces más grande que nuestro Sol? Y eso es grande...

Nuestro inmenso planeta Tierra, comparado con el Sol, es un pequeño lunar que no se apreciaría. Si comparamos al astro rey con Rigel, que es otra estrella de mayor tamaño que se encuentra a 8 000 años luz de nuestro Sistema, el Sol se ve igual como ese lunar pequeño, y si comparamos Rigel con VY *Canis Majoris*, se ve como un lunar un poco más visible y eso es grande...

¿Y tú pasas todo el día creyendo que tienes grandes problemas? Te invito que busques en *YouTube*[3] videos comparativos como estos ejemplos y te darás cuenta de que no se ve la Tierra, no te ves tú y mucho menos tus problemas cuando te abres al Universo.

La distancia entre el Sol, la Tierra y todas las demás estrellas es exacta para que tú vivas en armonía, te lo regalan para que estés aquí: tú eres parte de toda esta inmensidad, de este maravilloso diseño. De hecho, el 90 por ciento de nuestra masa es polvo de estrellas, excepto el hidrógeno y el helio.

¿No me crees?

Ahora vamos hacia adentro de ti, si buscas en *Internet* la imagen de un átomo, verás que se parece al Sistema Solar. El átomo es parte de toda la materia y esta estructura está adentro de ti. Tú eres parte de ese milagro llamado vida y cada parte de tu cuerpo es un diseño fantástico.

Por ejemplo, las células de tus huesos se renuevan cada tres meses, mientras que las de tu piel lo hacen cada tres semanas y tú no haces nada para que suceda en tu diseño pues ya están dados estos regalos para ti.

El hecho de respirar, el latir de tu corazón o la creación de las hormonas que necesitas, se dan para que te dediques a otras cosas y una de éstas es disfrutar tu experiencia de vida. Pero estás demasiado ocupado con tus problemas para valorar los regalos que tienes a diario. Dentro de ti hay un equipo de la más alta calidad a tu servicio.

Tú eres un milagro de amor venido de muchos factores que se dan a diario para que hoy estés con vida dentro y fuera de ti. Todo el universo conspira cada segundo para que tú hagas lo tuyo, para lo que fuiste diseñado.

---

[3] Canal de videos en internet https: www.youtube.com/watch?v=c8CgDGhYKe8.

No me crees aún... ¿Sabes la probabilidad de tu existencia?

Déjame ayudarte un poco con más información:

El hombre produce durante su vida alrededor de 2 millones de espermatozoides por día, eso es más o menos 45 000.000.000 en toda su existencia.

Cada uno de éstos tiene un ADN y en promedio el hombre tiene 3 hijos en toda su vida.

Así que la posibilidad de que tu padre te tenga a ti es de UNO en 15 000.000.000. La probabilidad de que tu abuelo tenga a tu padre y él a ti es de UNO en 144 000.000.000.000.000.000.

Además de que la posibilidad de que existas después de 10 generaciones es de UNO entre 600 000.000.000,000.000.000.0 00.000.000.

Tu vida es realmente importante y que estés aquí merece el mayor de mis respetos, pues tú fuiste destinado para ser algo grande y es momento de que lo aprecies.

¿Crees que vale la pena que aprendas cómo funcionas y cómo utilizar tus herramientas a tu favor?

Así que llénate de ti y agradece que todo a tu alrededor está a tu favor, que sólo te necesitamos a ti listo para ser eso maravilloso que eres.

En la siguiente parte te voy a explicar cinco elementos que tienes, que debes entender cómo funcionan y para qué sirven, ya que te podrán apoyar en cualquier proyecto que emprendas.

Estos son:

- Dar espacio
- Observar
- Energía
- Respirar
- Intención

CREAR ESPACIO

"No sé; todo lo que sé es que amar es experimentar
el espacio más hermoso dentro de uno mismo",
Osho

El espacio es la distancia que hay entre una cosa y otra, es la ausencia de obstrucción, no sabemos de qué está hecho, pero existe, es visible ante tus ojos; es algo que se crea y tú tienes la capacidad de hacerlo.

Las aflicciones se dan por falta de espacio entre todo lo que sucede.

Cada objeto tiene una dimensión, así que dar espacio ayuda para que lo puedas conocer, saber lo que hay ahí y lo utilices a tu favor. Las emociones, mente y cuerpo tienen esta cualidad; si les das el área suficiente y dejas de proporcionarles energía, se acomodan automáticamente.

Inclusive entre cada átomo de tu cuerpo, muebles, alrededor, en todo, hay espacio y podemos sentirlo. Si ahorita desapareciera todo el mundo lo único que quedaría es el espacio, ¿lo puedes imaginar?

Tú puedes utilizar esto en ti si aprendes a soltar y liberarte de donde has estado agarrado por mucho tiempo por miedo y protección. Imagina que te caes a un río rápido y cuando sales del agua de repente encuentras una roca que te sostiene por un momento que te permite respirar. Ahí estás apoyado pues te sientes seguro, aunque sabes que no es la solución. Te aferras a la roca incluso si te lastima y duele, pero lo prefieres a soltarte para dar espacio a nuevas cosas, que significa aprender a soltarte para que la vida te ofrezca las opciones que hay para ti.

Lo que ERES es parte del todo y el todo es parte de ti. Por ejemplo, piensa en una silla, ese asiento está compuesto por átomos, las partículas más pequeñas conocidas por el hombre, que son como pelotitas; ahora imagina la silla como si solamente pudieras ver los átomos que la forman. Dentro de cada uno hay espacio donde habitan neutrones, protones y electrones (partículas subatómicas) que para este fin también son pelotitas más pequeñas que tienen espacio entre ellas; a su vez éstas tienen otras pelotitas más pequeñas que se llaman cuantos (que no se sabe aún si son materia o vibración) y que son lo más pequeño que los científicos han podido conocer. Si te imaginas esa silla en tu casa, en tu ciudad, en tu mundo y sólo pudieras observar las pelotitas, verías que todo está conectado a todo, que todos somos uno y que hay espacio entre todo.

Ves todo separado pues la vista da esa ilusión con formas, pero la verdad es que lo único que nos separa es el espacio y todos formamos parte del mismo. Lo que percibes como materia simplemente es masa de energía.

Dice Brian Weiss, psicoterapeuta líder en el campo de la terapia en vidas pasadas: "Los lazos que nos conectan son de espiritualidad afectuosa... Somos de la misma energía, estamos compuestos de partículas y ondas, no de sangre y hueso, y entonces lo que hacemos afecta a los demás y no sólo a los seres humanos"[4].

Cuando algo está muy encimado dentro de ti, no corre el aire a través de él, no ves con claridad. La intención aquí es crear el espacio entre tú y lo que te abruma para poder observarlo desde diferentes puntos de vista.

El nacimiento de un ser vivo tiene su propio proceso y es muy importante facilitar el tiempo necesario para que las cosas se den. Las personas están muy mal acostumbradas a querer todo

---

[4] Weiss, Brian. *Los milagros existen*. Ediciones B. Barcelona, España. 2012, p. 28.

rápido, a no respetar los ritmos naturales de lo que pasa, como por ejemplo cuando enfermas; lo primero que buscas es una pastilla, queriendo huir del dolor y que sea lo más rápido posible.

En ti vives el mismo patrón; hay nudos en las emociones, pensamientos y cuerpo, alejándote de la posibilidad de vivir en paz, desde esa esencia que tú eres, es decir, desde tu espíritu. Así pues, cuando tienes un pensamiento le das emoción, lo juzgas, lo frenas, le das energía y a su vez, de cada cosa que pasa quieres saber el "porqué", metiéndote a la mente para buscar respuestas.

Si hoy empiezas a crear el espacio lo puedes hacer a través de rendirte ante lo que sientes, ante lo que vives, dándole respeto y siendo honesto con ello; sólo observa los hechos y deja a un lado tu opinión.

Es muy importante saber que observar y dar espacio no significan acción, ni actuar hacia fuera, sino simplemente saber qué hay dentro de ti y reconocer esa realidad que puede a veces no ser tan agradable, pero existe para ti.

Imagina que en tu casa hay una habitación a la que no te gusta entrar, pues puede traerte malos recuerdos; o es la que sabes que debes arreglar y pasan los días sin que hagas nada.

Esta recámara guarda energía tuya y si la acomodas te dejaría mucho más ligero. Así que por fin decides ponerle luz. Entras y te das cuenta de la realidad ahí. Seguramente verás cosas sucias, telarañas, pero encontrarás objetos que eran tuyos, que sirven, pero ya no recordabas que los tenías y habrá otros que necesitas deshacerte de ellos. Al dar luz podrás decidir qué hacer, cómo necesitas que esté esa habitación y acomodarla. Cuando observas lo que sí hay, automáticamente esa energía guardada en ti por mucho tiempo se disipa, dando oportunidad de utilizarla para lo que necesites. Dar espacio, al igual que observar, son ejercicios de todos los días que se deben poner en práctica.

En una vida ocupada; con todos los espacios llenos y sin capacidad de crear nuevos, es difícil encontrar la pasión y las ganas. Cuando creas espacio por la fascinación de tu alma, los caminos se abrirán para que se den las cosas.

Piensa en tu vida y pregúntate: ¿Qué tipo de espacio estás creando? ¿Hay suficiente espacio? ¿Dejas que haya el espacio natural entre las cosas que te suceden a diario?

EJERCICIO:

Date unos segundos para percibir este momento tal cual es, dándole espacio en ti.

¿Qué experimentaste?

METÁFORA: EL CAJÓN DESACOMODADO

Me encontraba un domingo en mi casa arreglando a mis hijos para salir a pasear, cuando de repente abrí un cajón y me di cuenta que estaba muy sucio y desacomodado. Empecé a enojarme muchísimo, entré en un remolino de emociones, haciéndome creer que toda mi casa estaba sucia y que era injusto, pues yo pagaba a alguien más por ese servicio. Mi domingo tranquilo y en familia se convertía en una búsqueda de culpables por no hacer bien su trabajo, que incluía a mis hijos, a mi esposo, al personal de la casa. Empecé a observar que cada semana pasaba lo mismo. Que esos detalles hacían que mi domingo tranquilo y relajado se tornara apático. Esperaba con ansia que fuera lunes para reclamarle a la persona a quien pagaba por no hacer bien su trabajo.

Quizá durante mucho tiempo mi comportamiento había sido solamente reaccionar ante la supuesta falla, pero cuando empecé a observar el fenómeno en mí y le di espacio, me di cuenta que sólo era un cajón y que yo tenía el poder de arreglarlo en ese momento. Así que empecé a ponerlo en práctica y cada vez que veía un cajón desacomodado lo arreglaba yo misma y así, como magia, en cuanto lo hacía, mi vida se volvía a tornar tranquila y relajada.

Cuántas veces te ha pasado que le das el poder a otros; ves algo desacomodado en tu vida y crees que el otro lo tiene que arreglar. Cuando empiezas a ver con más detalle lo que está mal en tu vida, también comienzas a verlo como un desastre. Empieza hoy a identificar y arreglar tu cajón desacomodado, pues quien tiene el poder para dejarlo listo eres tú.

Si algo te molesta, arréglalo, pero sólo ese detalle, no te pongas a hacer listas interminables de lo que está mal. Encuentra tu cajón desacomodado. Tienes la capacidad de convertir cualquier mal momento en bueno, simplemente dale espacio.

Encuentra cuál es tu cajón desacomodado. Decide qué vas a hacer para arreglarlo y hazlo. Verás la diferencia.

EJERCICIO:

¿En estos momentos cuál es tu cajón desacomodado?

Siente tu respiración y dentro de ti ve acomodándolo de una manera fácil para ti.

Date cuenta cómo se da este proceso, integrándolo saludablemente.

Cuando hayas terminado de acomodarlo, date unos minutos para percibir esta sensación.

OBSERVAR

*"Observar significa construir una
conexión entre un fenómeno
y nuestra concepción del fenómeno"*,
Albert Einstein

Observar es una de las cualidades más importantes que debería tener desarrollada el ser humano. Es poder darte cuenta de lo que está pasando ahora, dentro y fuera de ti, sin juzgar. No significa ver con los ojos. Consiste en dejar de prestar atención a eso en lo que normalmente te fijas y simplemente dejar ser todo lo que está sucediendo sin hacer nada.

Miles de cosas pasan a tu alrededor a cada momento. Por lo tanto, generar la habilidad de darte cuenta de ello eleva tu poder, pues te conecta con lo que realmente es importante.

En el año 2007, cuando Steve Jobs (creador de empresas como *Apple*, *Next* y *Pixar*) y su equipo sacaron al mercado el *iPhone*, las grandes empresas de telecomunicaciones decían que ya nada podía ser inventado, que ya estaba todo hecho y sin embargo se sorprendieron de lo que vieron ese día. Este genio revolucionó toda esa industria, pues observó y se quitó de la mente juicios y paradigmas. Junto con su equipo de trabajo observó qué le gustaría a cualquier persona que tuviera un teléfono, se salió de su entorno y después creó la tecnología para que fuera una realidad. Desde entonces, las empresas de telecomunicaciones se han enfocado en copiar y mejorar lo que hizo la empresa de informática y telefonía Apple. Pero volvieron a dejar de observar su entorno y sucedió que otros grupos y personas como tú o como yo tuvieron la posibilidad de crear las aplicaciones, con las que generaron nuevas opciones de mercado.

Lo que nos lleva a darnos cuenta de que todo ya está aquí, sólo tenemos que aprender a ver con otros ojos, a percibir lo que sí hay y lo que se necesita.

Observar no significa juzgar, sino percibir con tus sentidos los hechos sin opinar e incluso con tu opinión pero sin emoción, reconociendo las cosas tal y como son, sin interpretarlas. Es la percepción de lo que está sucediendo en estos momentos sin la necesidad de controlarlo.

Cada cosa que observas, tu mente la cataloga, le pone una etiqueta o nombre dado por las experiencias de vida que has tenido y estás tan seguro de que eso es, que ahí es donde se empiezan a crear los problemas, pues sólo estás viendo tu opinión de la realidad.

Platón, uno de los más grandes filósofos de todos los tiempos, lo resume en una alegoría de la caverna:

En un espacio cavernoso, fueron condenados a vivir unos hombres prisioneros desde su nacimiento, con cadenas en el cuello y piernas, de tal forma que sólo podían mirar hacia la pared, por lo que su visión era limitada. Atrás de ellos había un pasillo, una hoguera y la entrada a la caverna. Cada vez que pasaba un objeto enfrente de la hoguera ellos sólo podían ver su reflejo al fondo de la caverna por lo cual veían figuras y formas distorsionadas, pero para ellos ésa era la realidad. Un día uno de los hombres pudo escapar pero la luz lo cegó tanto que decidió regresar a la cueva y empezar a salir en las noches poco a poco, para ir adaptando sus ojos a la luz, hasta que por fin pudo verlo todo.

Nada era como lo imaginaba y se dio cuenta que en la cueva las cosas que veía simplemente eran sombras o apariencias de la realidad. Regresó con sus amigos y les dijo lo que había encontrado, que lo acompañaran y comprobaran con sus propios ojos que el mundo real estaba al exterior, que valía la pena; pero lo tomaron por loco, se resignaron a quedarse ahí para siempre.

Esta analogía se parece mucho a tu vida o a la mía, pues has decidido creer lo que percibiste con tu mente y las experiencias que viviste, así que sólo ves un reflejo de la realidad, las etiquetas del objeto que observas.

A partir de tu historia de vida, igual que en la mía, seguramente te enseñaron que todo tiene que ser lógico y racional, que todo debe tener una explicación para que sea verdad. Como lo creíste, se convirtió en ley para ti, pues te da seguridad. Así que andas por la vida buscando los "porqués" a todo lo que te pasa, sin permitirte comprender desde un punto de vista neutral qué sucede dentro y fuera de ti, sin tomar en cuenta que TÚ ERES algo más, algo que es fuerte y que si vivieras desde ahí tus capacidades serían ilimitadas para amar y crear.

Observar significa comprender lo qué está pasando a tu alrededor, es darte cuenta de qué manera ves tu propia realidad, nada más, sin acción. Es dejar ser al silencio y la quietud en ti, aceptando el momento actual tal cual es.

"Cuando uno observa lo hace desde el espíritu"[5], señala en su libro *El poder del ahora*, Eckart Tolle, ni viene de la mente ni consiste en ver con tus ojos, sino con todo tu SER. Dedica unos minutos al día a no darles energía y simplemente deja ser a tus pensamientos, reacciones y emociones, todo lo que pasa en tu interior, percibiéndolo sin juicios.

Tan simple como una persona que se sienta en un café a ver pasar a la gente, se da cuenta de lo que sucede, pero no hace nada, sólo observa y comprende. De esta manera podrás ir realmente conociéndote, siendo más consciente de ti y de tu entorno. Dándote cuenta que en cada cosa que acontece hay una parte de opinión personal y otra del hecho como tal.

---

[5] Tolle, Eckart. *El poder del ahora*. 1ª edición, Grupo editorial Norma. Vancouver, Canadá. 2000.

Si observas, das espacio a todo lo que está ahí, puedes ver dónde estás parado, saber con qué cuentas, que no es ni malo ni bueno, simplemente es. Percibir lo que hay a través de todos tus sentidos te da la oportunidad de ver los problemas a los que te enfrentas desde un lugar neutral, ya que el único que acrecienta las cosas eres tú con los juicios.

Es como vaciar una taza que está llena de cosas. Cuando la desocupas das oportunidad a que entren nuevos sucesos.

Cuando sueltas todos tus juicios y creencias al respecto, te conectas con lo que ¡sí hay a tu alrededor!, vives tu presente, que como su mismo nombre lo dice es un regalo y te podrás maravillar de lo que en ese momento sucede a tu alrededor.

Tus emociones, pensamientos y sensaciones corporales tienen la cualidad de que si los dejas ser, automáticamente empiezan a desaparecer y acomodarse en su lugar. Observar nada más; sin actuar.

Simplemente ejercita este músculo y te sorprenderás de los resultados.

EJERCICIO:

a) Concédete unos minutos para percibirte, sin pensamientos, sin juicios, dejándote ser tal como eres.

b) Sal y camina por cinco minutos sin juzgar nada, dejando fluir todo en ti sin emitir juicios ni buenos ni malos, sólo camina observando todo en ti y a tu alrededor.

ENERGÍA

*"En verdad, el inacabamiento del ser o su
inconclusión es propio de la experiencia vital.
Donde hay vida, hay inacabamiento",*
Paulo Freire

Tú, como todos los seres vivos, tienes y eres energía, pues es lo que te da vida. Si lo ponemos en una metáfora es como el helio de un globo que te llevará a volar, lograr y crear lo que te propongas.

Este impulso de vida te acompañará en toda tu existencia, es el poder con el que naces, es esa chispa que enciende tu motor.

En esencia es buena y es como gasolina que te enciende y te llevará a lograr las cosas que te propongas. La forma en que interactúes con ella es lo que dará resultados positivos o negativos. No se destruye ni se crea, sólo se transforma. Hacia donde enfocas tu atención se mueve, dando lugar a un espacio y éste se crea con el tiempo, pues como bien dice Yehuda Berg, fundador del *Centro de Kabbalah*: "Nada se da repentinamente".

Según la física cuántica, todo está hecho de energía y la materia es energía condensada. Ésta siempre se moverá hacia el menor punto de resistencia. Una forma de hacerlo es a través de tu mente.

Está conformada por partículas de *fuerza de vida*, que es tu combustible para hacer todas las cosas de tu día. ¿Pero por qué a veces pareciera que no tienes energía, dónde están esas partículas que te hacen ser feliz, dinámico, con ganas de hacer las cosas? Lo que sucede es que durante tu vida las has ido dejando en momentos que han sido, para ti, difíciles de superar.

Situaciones traumáticas durante las cuales no tuviste herramientas para salir adelante. Cada vez que las recuerdas te pones triste. A veces te lastima, porque se crearon heridas emocionales que si no las atendiste para sanarlas se van convirtiendo en enfermedades, cansancio crónico, desinterés, apatía.

Es por eso que con el paso de los años pareciera que tienes menos energía y no es que se esté acabando, sino que se quedó atrapada; pero puedes recuperarla. Y por esta razón creemos que los niños no se cansan, pues tienen su globo lleno de vida. Por ello son ágiles, rápidos y divertidos.

Como en una fotografía, la energía queda atrapada en los recuerdos dolorosos. Lo cual, en vez de que ayude a crear amor y abundancia, provoca dolor, duda y resentimiento, pues la vitalidad que necesitas ahora para hacer tus cosas está pegada en esas situaciones y eso desespera.

Cada vez que algo reactiva cualquier momento doloroso, sale esta energía guardada; pero no para recordarte lo que te hicieron o lo injusta que es la vida, sino todo lo contrario; te quiere decir… "¡Hey, libérame. Acomódame en mi lugar! ¡Aquí no pertenezco!", pero a ti te enoja pues no sabes cómo dejarla salir, culpando a terceros.

Estas son oportunidades para que liberes y recuperes la vitalidad, aprendiendo de una vez por todas la lección. Cuando tu energía se acomoda en su lugar propio, se crea el espacio para que puedas volver a disfrutar las cosas importantes para ti.

Existen tres tipos de energía: la mental, la física, la emocional.

Éstas tres a veces se agotan. Una forma de activarlas es moviéndote en alguna de ellas, ya que al cambiar una, se sacuden todas.

La más fácil de prender es la física. Así que cuando sientas estar apagado, muévete y cambia tu fisiología. Es necesario que aprendas a conocerla, cuál es tu ritmo y buscar formas de recuperarla para tu beneficio.

Por ejemplo, los jugadores profesionales de tenis entienden muy bien este concepto de administrar la energía a su favor, pues cuando están perdiendo el primer *set*, guardan su energía y la reservan porque saben que el otro jugador hará todo para ganar. Así, al siguiente *set*, el contrario estará con la energía más baja; también, cuando terminan el punto, disminuyen su ritmo al mínimo porque saben cuidarla para cuando la necesiten.

Siempre que sientas que tienes energía atorada dentro de tus emociones, pensamientos o dolores corporales, lo único que debes hacer es observarla, dándole espacio desde tu ser, respirándola sin darle fuerza a los pensamientos que se te presenten, para que esa energía de vida la recuperes.

Es como tu celular; si tiene la batería llena podrá funcionar para lo que fue diseñado y te dará el servicio que necesitas.

Es muy frustrante cuando necesitas utilizar tu teléfono móvil y está por terminarse la pila, el desgaste es mucho; si recuperas tu energía de vida podrás utilizar tus herramientas desde ti, para tu mayor rendimiento.

Tu energía es única y tú decides dónde la pones a través de pensamientos. Eso significa que eres el creador de lo que sucede a tu alrededor. La cantidad diaria de energía que tienes disponible por lo general la gastas en tus ideas y en el diálogo interno que tienes contigo mismo; eso hace que te canses y se crea un desgaste físico y emocional, dejándote sin fuerza para tus actividades de la vida diaria.

Hoy quiero que te preguntes: ¿cuáles han sido tus pensamientos últimamente?

¡Pues ahí está tu energía!

EJERCICIO 1:

Es un ejercicio de visualización que tomará unos minutos. Inclusive lo puedes hacer todas las noches:

Date unos minutos y siente tu respiración…

Visualiza tu energía vital…

¿Cómo está…? ¿Está completa…?

¿Dónde está…?

Observa si puedes llegar a ella.

Platícale que quieres recuperarla…

Imagina si por medio de un color puede regresar a ti o de una forma, una sensación, un olor…empieza a respirar.

Dale espacio… y siente cómo se va integrando a ti, que es a donde pertenece…

EJERCICIO 2:

Si quieres elevar tu energía te propongo estas sugerencias:

• Haz tres series de brincos como tú quieras.

• Escribe 10 cosas que quisieras tener o estar haciendo. Cuando hayas terminado de escribirlas, leelas frente al espejo como si ya fueran una realidad, ¡gritándolas!

   Por ejemplo, si apuntaste tener confianza, hacer dinero, recuperar a mi pareja, salir de esta depresión, etcétera, vas a decir frente al espejo gritando:

"Tengo confianza en mí",

"Creo abundancia y dinero con facilidad",

"Reconquisto a mi pareja",

"Soy feliz y vivo mi vida".

• Date un baño con agua fría o un baño de tina en agua fría con hielos.

RESPIRAR

"El aire es tu alimento y tu medicamento",
Aristóteles

¿Te has puesto a pensar en tu respiración y en la importancia que tiene en tu vida? Gracias a ella vives. En estos momentos y siempre, será tu aliada, pues brinda a tu cuerpo vitalidad y limpieza. Cada vez que inhalas y exhalas se acomodan muchas cosas en tu interior, de lo que vives, de lo que experimentas en cada momento de tu vida. Si observas, la respiración cambia dependiendo de la situación en la que estés; se acelera cuando tienes algo urgente o se hace lenta cuando estás relajado. Siempre, al concentrarte en tu respiración, lograrás crear un ciclo armónico en tu cuerpo relajándolo, ya que das espacio y dejas ser las emociones que están ahí.

En el yoga, que es una de las grandes disciplinas milenarias, la respiración es lo que más importa, pues ni la flexibilidad ni las posiciones se lograrían si la persona no aprende primero a respirar. Este regalo que la vida te dio es un gran aliado, pues es una analogía de tu forma de vivir: dar (exhalar), recibir (inhalar).

También ayuda a digerir las emociones que a veces se quedan atoradas porque no te gustan, te lastiman o no sabes qué hacer con ellas. La respiración es como tu aparato digestivo emocional.

¿Qué significa esto? Pues que cada vez que inhalas entra lo que sirve para ti y al exhalar eliminas todo lo que no funciona para tu salud, como cuando comes; entran los nutrientes y ya conoces las formas que existen para eliminarlos. Así, cada vez que sientas una emoción desagradable o estés en momentos difíciles, dispón de unos minutos para concentrarte y sentir tu forma de respirar.

Transforma el problema a través de ella. Simplemente siente cómo entra y sale el aire de tu cuerpo. Hazlo muy despacio, esto dará oportunidad a que se acomode lo que sucede, dándote mayor capacidad de acción.

Sentir significa observar cómo se siente cuando entra el aire al estómago y lo infla y luego mantener la respiración unos segundos, enfocándose en este proceso a detalle, tal como en las sensaciones que percibes. Al exhalar se va metiendo tu abdomen mientras sacas el aire poco a poco, haciéndote consciente de todo lo que pasa dentro de ti.

En la inhalación entran millones de fotones al cuerpo, que son las partículas de que está hecha la luz. Así que cada vez que inspiras parece como si se iluminara tu interior, llevando luz a cada una de tus células. En la exhalación sacas lo que ya no sirve de tu cuerpo, limpiándolo, transformando a cada momento y automáticamente cada una de sus partes, sin que tú hagas nada. En cada respiración se transforman cosas, se organizan, dando equilibrio y nutrición a tu interior. Además, es gratis, aunque no estés consciente de tu respiración y su importancia, ella te mantiene con vida sin necesidad de esfuerzo.

Cada vez que alguna situación te alcance, dedícate a respirarla unos segundos, darás oportunidad de que se acomode cada parte de ella en ti, pacientemente. No lo pienses, simplemente siente tu respiración, pues las emociones que se generan ahí sólo necesitan espacio y la respiración te lo brinda.

EJERCICIO 1:

APRENDE A RESPIRAR[6]: Dispón de dos minutos, apaga tu teléfono, todo lo que te distraiga y siente tu respiración:

RESPIRACIÓN GRECCA

Al inhalar cuenta hasta tres inflando tu estómago (sin levantar los hombros)…

Detén el aire tres segundos…

Exhala en tres segundos sumiendo tu abdomen… hazlo muy despacio.

Deja tu cuerpo sin aire tres segundos…

Repite siete veces muy pausadamente todo el ciclo, concéntrate.

¿Qué experimentaste? Practícalo a diario o cada vez que necesites relajarte.

---

[6] Entra a nuestra página www.rosydamico.com y consulta este video.

INTENCIÓN

*"Considera que somos aquello que
deseamos ver producido",*
Saint Germain

Intención significa la voluntad de ir hacia un fin, una idea que se persigue con una acción o con algún comportamiento. Es saber y trazar el rumbo de tu barco, poder ser la causa y no el efecto de lo que te pasa, es en quien te conviertes mientras haces algo. Pero por lo general no la tenemos identificada.

La intención ayuda a encontrar la respuesta de una pregunta constante:

"¿Para qué estás haciendo esto?". Cuando para ti la intención es clara se crea un escenario en donde se integran los elementos necesarios que se convertirán en realidad, pues tu energía tiene un propósito.

Lo que hoy vives es el resultado de las pequeñas acciones del día a día. Esto significa que en cada cosa a la que diriges tu atención hay una intención, siempre hay un propósito.

Siendo honesto contigo, en lo que sea que quieres lograr:

¿prefieres ser feliz o tener la razón?

Medítalo por un rato...

Muchas veces, esta determinación está enviciada por emociones y pensamientos que no dejan ver lo que realmente necesitas, pues se crean ideales falsos acerca de cómo deben ser las cosas y a pesar de ello, sigues esos caminos.

De tal modo que, si por ejemplo, buscas pareja, sueñas con tener dinero o con un trabajo especial, quieres tener una buena relación con aquella persona, pero en quien te conviertes mientras lo buscas es en una persona intolerante, entonces seguirás envidiando a los demás, con la creencia de que eso no es para ti, justificando y culpando a la vida.

De esta forma vas viviendo la vida y resuelves problemas, sin saber qué es lo que necesitas de cada situación y traes a tu vida el resultado opuesto de lo que tú crees buscar.

La razón son todas esas creencias que avalan muy rígidamente el porqué de tu sufrimiento. Crees que lo que te pasó es algo inimaginable. Crees que todos los "cómo" no se pueden arreglar. Crees que todos los demás te lastiman. Crees en toda la falta de entendimiento que tiene el mundo contra ti, etcétera.

Aunque no lo creas, muchas personas se empecinan en que los demás vean que de verdad no pueden salir adelante y sin embargo no se dan cuenta que su intención no es continuar, sino que todos comprendan cómo sufren. Me pasó muchas veces e inclusive durante años; veía todo lo que me salía mal y lo poco que lograba lo enterraba con mis lamentos. Es importante que en esta búsqueda de lo que necesitas seas honesto contigo, si realmente tu propósito es sanar, crecer y salir fortalecido o seguir teniendo la razón de que es imposible lograrlo.

Para demostrártelo, tienes la tarea de decirte todas las mañanas *"yo me lo merezco (y tu frase)..."*, pero muchas veces no sabes para qué haces las cosas debido a que no te imaginas cómo sería tu vida si lo que buscas ya fuera tuyo.

Es importante que sepas "para qué" haces las cosas y qué quieres lograr con ello. No importa si lo consigues a la perfección o cuánto tiempo tardas, lo que pretendes ahora es que te quede claro el camino hacia donde vas, fortalecer el músculo de merecértelo y de que sabes que eso vale para ti.

Para que consigas algo en tu vida, tienes que imaginarlo primero en la mente. Pero muchas veces esta imaginación no está basada en tu realidad.

Muchos de los sueños que tienes actualmente no se han cumplido ya que son ideales falsos y no planes basados en tu realidad, en lo que sí hay en tu vida. Has creado escenarios que cuando los empiezas a llevar a cabo no son de la manera que esperabas y mejor los dejas.

El ideal falso se crea con una buena idea, pero con sentimientos y actitudes destructivas para ti. Si quieres crear un ideal verdadero tienes que ser creativo, imaginándote cómo sería esto en tu vida diaria: ¿cómo vivirías?, ¿con quién estarías?, ¿cómo te comportarías? Es muy importante que te visualices haciendo lo que buscas para ti, practicando ser esa persona desde hoy en todo lo que hagas y sobre todo, disfrutando el proceso.

Si hoy lograras saber en qué quieres enfocar tu atención ¿qué pequeñas acciones harías para mantenerla enfocada? Y otra vez ¿en quién te convertirías?

Estarás de acuerdo en que la vida se parece a un juego y la intención es el propósito del mismo. No es igual jugar tenis que fútbol, ni mucho menos es similar ser portero que delantero en el balompié, o en el tenis jugar singles o dobles. Cada juego tiene su nombre y también hay una posición que quieres jugar ahí.

Si esta situación la vieras como un entretenimiento ¿a qué quisieras jugar? Es importante ponerle un nombre a lo que quieres hacer pues así será más claro para ti. Alguna vez una persona con la que trabajaba tenía problemas con su hijo mayor y no sabía cómo entenderse con él. Platicándole sobre poner la situación como un juego le pregunté: "¿A qué quieres jugar?" Por un rato no supo qué contestarme, hasta que de pronto dijo: "A ser su mamá". Para ella, ser su mamá significaba que estaba ahí para guiarlo y educarlo, pero más aún, le quedaba claro que en el proceso de educarlo sería su amiga.

Cuando se dio cuenta de la posición que quería experimentar, supo qué hacer en situaciones donde antes entraba en conflicto, así que decidió convertirse en un jugador con un juego definido, creando mejores lazos de unión entre los dos.

Otro ejemplo es un señor que tenía diferencias con su esposa, pues su mamá vivía en la misma casa con ellos. Entonces le pregunté: "¿A qué quieres jugar?", él dijo: "A ser el hombre de mi casa". Lo que para él significaba que la suegra no interviniera. Pero por dudas no lo había dejado establecido, así que al llegar a casa habló con ella y le explicó que cuando hablaran de temas de pareja, a ella no le tocaba opinar, dando claridad con esto a la dinámica familiar y seguridad a su persona.

No sabemos si la otra persona va a cambiar, lo que si conocemos desde hoy es en quién te vas a convertir tú.

Así que en la situación que vivas te invito a que le pongas un nombre al juego que quieres jugar:

Ya que lo sepas busca cuál es el terreno o campo hacia donde te vas a enfocar, porque no es la misma cancha donde se juega básquetbol que fútbol americano. En los casos anteriores, la mamá sabía qué juego tenía que asumir cuando tocaba dar permisos; y el señor entendió qué actitud tenía que tomar cuando la suegra comentaba algo que no le correspondía a ella opinar. La cancha es muy importante, sabrás en qué momentos juegas y dónde.

¿Cuál es tu campo de acción?

Pero lo más importante es saber ¡cómo sí ganarás este juego!

Cuando ya tengas definida tu intención y empieces a jugar, recuerda que en cada cosa que haces hay algo que dejarás y algo que ganarás. En lo que has jugado hasta hoy también ha habido ganancias, aunque a veces no sea fácil reconocerlo. Lo interesante aquí es que te preguntes si estás dispuesto a pagar el precio de realmente ser tú mismo. Pocas personas se atreven a costear ser felices, dándose a sí mismos lo que realmente necesitan y dejar de lado la dulce pero al mismo tiempo amarga sensación de tener la razón.

Lo que vale la pena es el camino mismo y observar todo lo que sucede ahí, pues la meta alcanzada será solamente la cereza del pastel. Cuando sabes hacia dónde vas no importa si te desviaste o saliste de ese camino, cuánto tardes en cruzarlo, si fue rápido o muy lento, el chiste es gozar el rumbo que has decidido tomar, porque disfrutas en lo que te conviertes mientras lo haces.

Recuerda que estás en un proceso de prueba y error, así que habrá cosas que funcionarán y otras no. Es como un experimento donde hay que medir los resultados y generar acciones que te lleven a tu meta.

Si estás enfocado puedes medir los resultados de tu proceso, haciendo cambios cuando lo amerite y siguiéndolo con disciplina, pero no con rigidez. Se vale hacer ajustes, cambiar, ser flexible y no seguir con toda tu fuerza el "deber ser". Digamos que tu intención es como un traje hecho a la medida, pero un buen sastre sabe que hay que hacer correcciones durante el proceso.

La flexibilidad y disponibilidad hacia lo que está enfocada tu intención puede cambiar con el tiempo, con los años, pues las cosas que eran importantes tiempo atrás tal vez ahora ya no lo sean; estate atento para cambiar de rumbo, si es necesario. Cuando definas tu intención, hazla medible para que sea tangible para ti, pon tiempos, que sea clara y objetiva.

Es como cuando haces una dieta; tu objetivo básico puede ser bajar cierto número de kilos y con disciplina y enfoque lo consigues. Pero si tu plan es vivir saludable, descubrir en la comida un aliado, darle a tu cuerpo lo que necesita, no importa el tiempo o cuántos kilos bajes, simplemente vas a disfrutar el proceso y llegarás a tu meta todos los días.

¿Te acuerdas de la frase "la intención es lo que cuenta"? Yo no creo mucho en ella. Sí. Todos tienen buenas intenciones y eso es de resaltar; no obstante ¿por qué no las concretan?, ¿por qué no se logran? El problema es que a la primera falla se desesperan, se desilusionan, dejando el proyecto a un lado sin volver a intentarlo. Si sientes que es tuyo, ¡continúa!

Siempre que fracasas tienes más posibilidades de éxito, pues ahora hay menos probabilidades de error. Digamos que ya sabes cómo no hacerle y por probabilidad hay más formas de cómo *sí hacerle*.

En el momento que eres honesto, determinante y sabes hacia dónde vas, no importará que en un principio no te salga.

Acuérdate que son músculos que no estaban fortalecidos. Ensaya hasta que sea un hábito en ti lo que quieres lograr y en quién te quieres convertir. Te puedes equivocar, pero la intención es algo que permanece.

Ahora bien, ya que encontraste a qué quieres jugar, te invito a contestar las siguientes preguntas:

¿Cuál es tu intención en este juego?

¿Para qué? ¿Qué quieres lograr?

Si hoy eso fuera tuyo, ¿cómo te sentirías? Pues ahí está en quién te quieres convertir.

¿Cómo sabrás que ya lo conseguiste, qué harás, qué sentirás, con quién y dónde estarás? (Imagina que hoy ya lo vives, que es una realidad y visualízalo). ¡Ensáyalo todos los días por que eso que soñaste ya es tuyo!, sólo tienes que recorrer el camino hasta ahí.

¿Cuáles crees que sean las ventajas de lograr eso?

¿Y cuáles las desventajas?

Las cosas a tu favor es con lo que cuentas para lograrlo; por ejemplo, en talleres de sobrepeso le piden a la persona que se mire en un espejo y se observe de manera completa, después se le hace notar que lo que ve ahí es lo que tiene para salir adelante y que eso ¡es suficiente para lograrlo!

Referente a "los contras" no puedes hacer nada, simplemente darte cuenta que ahí están y pensar cómo sortearlos de la mejor manera, para que el factor sorpresa sea minimizado, considerando además los elementos que ya platicamos antes.

Busca tener una intención alta, tal como lo comenta Jason Tyne, lo que significa que tu enfoque sea para un mayor bien tuyo y de los demás, pues lo que está sucediendo en tu vida es para que te atrevas a jugar un juego mayor y pudiera ser el de crecer expandiendo lo que ERES, dándote a los demás, no sólo para esta existencia que algún día se acabará, sino para trascender.

Así que no te quedes en buscar solamente tu beneficio, pues entre más puedas ayudar, esto se regresará hacia ti. Tener un propósito alto y jugar un juego grande elevará tu compromiso contigo mismo.

Por decir algo, si tu intención es tener dinero, la intención queda muy baja; en cambio, si lo que quieres es hacer que tus clientes vivan una experiencia diferente en tu negocio o lograr más empleos, entonces tu empresa impactará a más familias de una manera positiva. Tu enfoque puede ser desde ayudarte a ti, a tu familia, a tu ciudad, al mundo, a la humanidad mientras viva la humanidad, etcétera.

Date cuenta que lo que tú haces afecta a todos y no sólo llegará lo que buscas, sino abrirás muchos más caminos para otros.

Hoy quiero que engrandezcas tu esfuerzo, tu energía y aumentes las ganas que le pones a tu intención. Si lo consigues, el camino se hará ligero pues ya está trazado; es tuyo, sólo falta que transcurra el tiempo necesario para estar ahí. Cada vez que suceda la magia de lograr algo o que te des cuenta que funcionó, aunque sea unos segundos ¡festeja! No importa cuántas veces no te salga, lo que interesa son las ocasiones que sí funciona y logras vivir como tú lo necesitas. Celebrar los pequeños logros o grandes sucesos conviértelo en parte de tu ritual diario, esto aumentará tu autoestima y te hará sentir bien con tu persona.

Por último, quiero que te preguntes si vale la pena jugar este juego, con una nueva intención clara y definida. Si tu respuesta es afirmativa entonces establece un compromiso, que significa emprender una acción que te llevará hacia tu meta. La diferencia entre la gente extraordinaria y la ordinaria es el pequeño extra que aquella le pone a sus acciones. Así que cuando definas cuál es tu compromiso disciplínate a él, sabiendo en quien te convertirás durante el proceso. Porque un pequeño esfuerzo diario te llevará a caminar hacia el lugar que ya sabes es tuyo y que lo has imaginado (la situación) con todo detalle.

Analizado lo anterior entonces vuelve a escribir:

¿Cuál es tu intención de hacer esto?

¿Cuál es tu compromiso?

¿Para qué?

¿En quién te vas a convertir mientras lo logras?

¿Qué necesitas hoy para obtener un logro y sentirte satisfecho?

Por la noche, cuando cierres tu día agradeciendo, agrega los momentos en que lograste algo.

4

¿Qué soy yo?

"Huyo de lo que me sigue y sigo
a lo que me huye",
Ovidio

¿QUÉ ES LO QUE HABITA EN MÍ?

"La ignorancia de nosotros mismos,
nos convierte en los peores
enemigos de nosotros mismos",
Alfonso Ruiz Soto

Cuando te abandonas se generan actitudes y reacciones que crees firmemente son parte de lo que eres, dando como resultado lo que tú llamas personalidad. Pero eso no eres tú; son formas aprendidas para sobrevivir en tu vida.

¿Qué pasaría si dedicas tiempo a encontrar lo que sí eres desde una perspectiva donde observes cómo estás conformado como diseño humano; cómo funcionan tus emociones, tu mente, tu cuerpo? Pues increíblemente se enseña de todo en la vida menos de ti mismo, cómo conocerte, cómo expandir lo que eres. Andas por el mundo con la creencia de que las reacciones que tienes a diario son parte de ti, pero no es así, tú ERES algo más.

Eres como una montaña a la que no importa qué estación del año esté transcurriendo por fuera, el centro, su esencia, "tiene un núcleo interior de paz y temperatura constante, así que da igual lo que pase afuera: el interior no cambia", apunta Weiss. Eres poder, basado en la verdad, humildad, sabiduría y paz. Vivir desde ahí no se da con esfuerzo, sino con gozo.

Los seres humanos, como todo en el universo, somos un diseño increíble y un mundo por descubrir. Simplemente siente tu cuerpo y respira; eres una maravilla. Tú vienes del que creó todo el universo y ese poder está dentro tuyo.

Es necesario, para acompañarte en este proceso, que sepas cómo funciona tu diseño humano, que comprendas que como parte de la naturaleza hay reglas, procesos y mecanismos en ti que tienes que seguir para que todo se dé en armonía. Si desarrollas la habilidad de conocerte, si sigues estos principios, será fácil transformar tu vida a través del poder de estar contigo.

Si bien nuestros diseños son iguales, hay cosas que a ti te funcionarán y otras me funcionarán a mí, por eso es muy importante conocerte y que decidas desde tu interior qué es lo mejor para ti.

Tú tienes el poder de crear el destino que quieras y tu vida de hoy es un ejemplo de ello. Puede ser que en estos momentos no seas consciente pero tú eres luz y siempre serás el director de tu película.

Como diría Aristóteles: "Educar la mente sin educar el corazón no es educación en absoluto", y como miembro de la sociedad te han enseñado la parte lógica de las cosas, pero poca información tienes de lo que verdaderamente eres y cómo vivir desde ahí.

La vida tiende siempre al amor, a la belleza, a la armonía, desde su esencia.

Esa luz que eres la puedes llamar espíritu, ser, alma, esencia, luz, el campo de energía que vive intensamente en ti. Eso no se destruye ni muere, sino que siempre está ahí. Al igual que cada ser que ves a tu alrededor, somos parte del universo espiritual. Tú no tienes un espíritu, tú eres un espíritu. No te hablo de ningún concepto religioso, simplemente te sugiero que observes y te des cuenta qué eres. Tu SER no tiene masa, movimiento, tiempo, tamaño, simplemente ERES.

Durante unos segundos haz el siguiente ejercicio: empieza a sentir tu respiración mientras observas el interior de tu cuerpo y vas más allá de él, dando espacio a todo lo que hay en ti... Deja a un lado las emociones y la mente... Sigue sintiendo tu respiración y observa qué encuentras ahí. Puede ser la nada, sensaciones diferentes como colores, formas o un gran silencio... pero podrás sentir eso que ERES.

"El corazón es donde habita el ser", dice el médico y terapeuta estadounidense Alexander Lowen en su libro *Bioenergética*. Comenta que el rey es el SER y su mente con todos sus pensamientos son los consejeros. Desde la casa del SER es donde se maneja esta vida y no desde la cabeza.

Cuando oras o meditas es tu manera de conectarte con la divinidad, Dios o el universo, mientras que la intuición es la línea directa por la que Dios se comunica contigo. "Cuando seguimos al corazón y la intuición fluimos, pues como seres espirituales debemos comprender, fluir en el proceso y no luchar contra él"[7].

El SER es tu centro y tiene un "para qué estar aquí" mayor a cualquier problema que puedas tener, ejemplos maravillosos tenemos como Cristo o Buda, ellos no se hicieron su plano terrenal cómodo, vivieron las condiciones y circunstancias que ameritaba su intención de estar en este mundo.

YO SOY YO, es una expresión que aprendí en Psicoterapia Ericksoniana hace muchos años y al decirla yo sentía bonito dentro de mí, pero no entendía qué significaba. Tiempo después me di cuenta que si la repites durante el día te lleva a afirmar y conectarte con lo que eres, con tu sabiduría interna.

---

[7] Weiss, Brian. *Los milagros existen*. Ediciones B. Barcelona, España. Agosto 2013, p. 38.

Saint Germain, fue un maestro que vivió en el siglo XVIII y decía que YO SOY YO es la actividad de la vida, que al expresar esta frase se está abriendo la fuente de la vida eterna para que corra sin obstáculos la magna energía a través de ti, y el amor es la llave para abrir esto.

YO SOY YO es para los orientales el mantra Om, que emana la sabiduría interna y te lleva a percibir que eres algo muy grande que está aquí para expandirse, que aunque a veces no le hagas caso estará siempre para que seas, puedas y vivas desde ti.

Cada vez que repites frases de "no puedo, no valgo, no merezco" te alejas de esta magna energía de vida. Repetir YO SOY YO continuamente desde tu SER, crea el reconectarte contigo mismo. Cuando hay esa conexión sabes lo que necesitas y todos los caminos que has recorrido siempre te llevarán ahí, pues no importa cuántas vueltas des, cuántos caminos hayas tomado, en cuántos hoyos te hayas caído, tu esencia es una y siempre te llevará al mismo punto, que eres tú.

EJERCICIO 1:

Cierra tus ojos, respira profundamente y repite varias veces suavemente y escuchándote…YO SOY YO…muy despacio.

¿Qué experimentas?

Dime si alguna vez te has hecho estas preguntas:

¿Quién soy yo? ¿Soy lo que pienso, lo que siento o lo que vivo? ¿Hacia dónde voy? Si te las has cuestionado y te respondiste, ¡te felicito! Me encantaría que compartieras tus respuestas, pues creo que a muchos nos ayudaría. Pero si te las has preguntado y no sabes qué contestar, déjame decirte que también está bien, pues éstas no son respuestas de examen, sino cuestiones que llevan su tiempo, son respuestas individuales. Te felicito, estás en el punto de partida, que es buscar y encontrar tu camino. Para saber a dónde vas, primero tienes que saber con qué cuentas y con quién, para después decidir el camino.

Tú eres un SER que nace para vivir esta experiencia llamada Vida. Cuentas con tres herramientas que son emociones, mente y cuerpo. Éstas no son tú, son recursos que se te dieron para que te acompañen a disfrutar y potencializar tu experiencia terrenal, a través de la expresión de las mismas.

Tú, como espíritu, eres eternamente libre y a la verdad que está en ti no la oscurece nada, "ya que todo lo verdadero es para siempre, no puede cambiar ni ser cambiado", leí una vez en el libro *Curso de milagros*. Por todo esto es imperativo que busques tu centro, tu corazón, el interior de tu montaña y te encuentres a ti mismo, pues ¡te lo mereces! Ya ha pasado mucho tiempo sin vivir desde ti, ¡vale la pena que empieces ya!

Seguramente has visto alguna película de Ironman, el súper héroe, imagina que el SER es la persona que se pone el traje que es el cuerpo. La mente es la computadora con toda la información.

Las emociones son la potencia que hace que se aleje o acerque y la expresión serían los colores, la forma de volar y cómo utiliza todo en su conjunto. Entonces, como puedes ver, cada quien es un SER con herramientas que le ayudan a potencializar sus habilidades y poderes, lo que falta es aprender a utilizarlas.

El sufrimiento se crea en ti cuando crees que eres lo que refleja tu mente (los pensamientos), lo que sientes y la forma en que lo expresas, estableciendo un desorden. Imagínate que tienes un barco y que tú eres el capitán pero no lo sabes, así que cuando hay una tormenta te asustas, luchas, peleas, quieres saltar, debido a que no te han explicado cómo funciona tu navío. Temeroso de no resistir la tempestad, esperas que venga alguien a controlarlo y terminas huyendo de tu nave.

Por fortuna o por desgracia el único que puede saber cómo funciona y qué necesitas eres tú. La capacidad de utilizar a tu favor tus emociones, tu mente y tu cuerpo está dentro de ti en todo momento y ya estás aquí. Pretender decidir si abandonas tu barco no es una opción, porque sólo tú puedes llevarlo a aguas más tranquilas.

Si optas por tomar el timón, lo único que precisas ahora es aprender cómo funcionan las herramientas, escuchar lo que esas herramientas necesitan para dar un mejor desempeño y utilizarlas a tu favor.

La intención es que a través de las emociones, de la mente y del cuerpo, puedas tú llegar a la evolución de la conciencia del amor.

¿Te acuerdas del Auto Increíble, la serie de televisión estadounidense de los años 80? Era un carro que tenía una computadora extraordinaria (K.i.t.t.) que siempre estaba ayudando a Michael a resolver casos. Pues ahora imagina que tú tienes tu propio auto increíble (tu cuerpo), una computadora con el mejor sistema operativo y consejero (tu mente), lleno el tanque de gasolina y tu freno y acelerador (tus emociones) listos para llevarte a donde quieras. Si creyeras esto ¿cómo tratarías tu coche?

Pero muchas veces pasa que el conductor no cree que el auto es fantástico, un milagro viviente. Aprendió a vivir con la idea de que el auto está dañado. Pareciera que el piloto no supiera que tiene que decidir a dónde va, así que le pide a la computadora que haga el trabajo por él, no sabe para qué sirven las funciones, maneja el auto en la primera velocidad, pues no se ha dado cuenta que tiene hasta seis velocidades. El conductor siente mucho calor, pues nadie le dijo cómo encender el aire acondicionado; acelera y frena según como encuentra el camino, gastando así su gasolina.

¿Te puedes imaginar cómo se siente esta persona? ¿A dónde crees que irá? ¿Qué tan lejos llegará?

Quienes están guiando ese automóvil son la mente o las emociones, pero ninguna de las dos tiene la capacidad de manejar. Así que lo llevan por caminos inesperados. Tu SER no se impone a las demás herramientas ni pelea por su espacio, tú como espíritu ERES y siempre SERÁS. El nudo que se forma con tus herramientas no permite que lo que eres se expanda y manifieste lo que vino a hacer a este mundo.

No importa el camino que recorras, lo que te tardes, si es agradable o duro, corto o difícil o con piedras; tampoco importa si tomas el rumbo equivocado o no, simplemente son vías que no son ni buenas ni malas; como SER conoces tu lugar y a dónde tienes que llegar, tienes esperanza y fe, sólo necesitas permitirte a ti mismo actuar.

Estas herramientas tienen una anatomía y una funcionalidad, las emociones se sienten, no se piensan, el cuerpo se vive y la mente se educa.

Hoy te invito a que sueltes toda tu creencia de que todo lo tienes que entender y empieces a experimentar lo que eres.

La esencia que hay en ti siempre está aquí. Contiene tu sabiduría interna, la cual es moderna, actual; sólo tienes que volver a tomar tu lugar. Tus herramientas son una bendición en tu vida pues te brindan la posibilidad de sentir emociones, pensar, tocar, experimentar y crecer de muchas maneras, de modo que si las utilizas como líder potencializarás tu existencia.

La sociedad te ha enseñado que para encontrar la espiritualidad tienes que buscarla a través de alguna religión, además has creído que tú, eres tus pensamientos y lo que sientes. Dicha creencia estará lastimándote ya que no la esperabas de ti o para ti, por lo que estarás generando mucha confusión y tristeza.

Pero no es que no puedas, sino que no has utilizado tus herramientas para lo que sirven, les das usos que no tienen y les pediste que resuelvan cosas que no saben. Cuando eso que ERES lleva la guía de tu vida, automáticamente se empieza a disfrutar el camino; hay paz y alegría en la persona, haciendo que las cosas que necesitas lleguen a ti. Recuerda que no tienes alma sino que ERES ALMA; eres un SER, un espíritu, mientras que las emociones, pensamientos y cuerpo son herramientas que tienes para crecer y maximizar a ese SER que ERES. Cada una tiene su forma de expresar la misma situación con las emociones a través de sentimientos, con el cuerpo por sensaciones y con la mente con pensamientos, pero es lo mismo expresado por diferentes medios.

EJERCICIO DE PRESENCIA

Vivir en PRESENCIA es poder estar observando lo que acontece en este momento a tu alrededor y dentro de ti, conectado aquí y ahora. También, vivir en PRESENCIA es desarrollar la capacidad de dejar ser este momento tal cual es.

Muchos problemas de ansiedad o angustia se dan por la ausencia del ahora, por dejar de vivir el momento presente.

Haz el siguiente intento: dispón de unos segundos para observar tu interior... no frenes nada, no lo enjuicies... Ahora, por un momento observa todos los detalles de tu exterior... Estar presente es poder observar, dar espacio, sin emitir juicios de valor a lo que hay en este momento, simplemente estar.

Es tener la habilidad de observar tus emociones, Tus pensamientos, tus sensaciones corporales y todo lo que pasa fuera y dentro de ti en este preciso momento. Cada vez que creas este espacio sin ponerle etiqueta de bueno o malo, encuentras una conexión contigo y vas aprendiendo a dejar ser el momento actual tal cual es.

El presente es un instante atemporal que contiene todo lo que eres en este momento. Aprender a dejar que se desarrolle el momento presente es algo natural en ti, es parte de tu diseño humano.

Te da la oportunidad de crear espacio a todo lo que te sucede para que se pueda acomodar.

Es simplemente ejercitar y dejar ser este momento tal cual, sin cambiar nada, reconociéndolo. A cada cosa que pasa siempre le das una explicación y la catalogas de buena o mala, pues bien, ahora lo que vas a ejercitar es no ponerle ninguna etiqueta a lo que estés viviendo ahorita, solamente dejarlo ser y observar.

David R. Hawkin, doctor en medicina, explica en *El poder contra la fuerza*, que "la presencia es silenciosa y conlleva a un estado de paz. Es infinitamente afable y no obstante es como una roca. Con ésta, todos los miedos desaparecen, la alegría espiritual se suscita en un sereno nivel de éxtasis inexplicable.

Como la experiencia del tiempo se detiene, no hay aprehensión, arrepentimiento, dolor o presentimientos; la fuente de alegría es inagotable y omnipresente. Sin principio ni final no puede haber pérdida, amargura o deseo, ni nada más que hacer, ya que todo ya es perfecto y completo"[8].

El ejercicio llamado PRESENCIA sirve para ejercitar el poder de vivir en el presente y me lo enseñó a hacer una gran maestra en mi vida. Si lo practicas todos los días podrás aumentar tu capacidad de decisión, utilizarás a tu mente como tu aliada, tus reacciones serán menores y tu capacidad de disfrute aumentará.

Este ejercicio no sólo te ayuda a darle espacio a tus emociones, pensamientos y sensaciones físicas, sino que te apoya a crear el espacio para que tú como SER tomes tu lugar; estando presente en lo que estés haciendo en cada momento, creando un espacio parecido de flotabilidad desde donde se puede reconocer y observar todo.

El ejercicio se realiza con otra persona. Se sientan en una silla cada quien viéndose de frente, sin rozar sus rodillas y la tarea es verse a los ojos por al menos un minuto.

Lo que se quiere lograr es no hacer nada, que dejes ser todo lo que está pasando en ti, darte la oportunidad de ser un simple observador de tus emociones, pensamientos, cuerpo, sin juicio, dejando ser por completo el momento presente.

Es personal y no tiene nada que ver con la otra persona.

---

[8] Hawkins, David R. *El poder contra la fuerza*. Instituto para la Investigación Espiritual Avanzada, Sedona Arizona. 2002.

La idea es que aprendas a estar presente con todo lo que está pasando a tu alrededor en este momento, sin detener o frenar nada, simplemente observar mientras la otra persona hace lo mismo a su manera.

Te podrás preguntar "¿para qué quedarme viendo a los ojos a otra persona?". Lo que se pretende es que sea un punto de apoyo para ti, pero el ejercicio es contigo mismo. Hacerlo te puede dar risa, así que déjala salir; si te da comezón, obsérvala y no te rasques; cualquier cosa que esté pasando en ti y a tu alrededor simplemente déjala ser, no frenes nada. Por lo general sucede que si tienes comezón te rascas, si sientes dolor te tomas una pastilla, si hay alguna emoción la piensas, pues no te has dado cuenta de la maravilla de tu diseño humano que funciona de una manera diferente; cuando le das su tiempo y espacio, le facilitas la oportunidad de utilizar sus propios procesos de recuperación para que tus emociones, pensamientos y cuerpo se acomoden naturalmente.

Hacer PRESENCIA con otra persona es poder ejercitar el poder personal de estar contigo mismo, sin pretender juzgar lo que está pasando en ti o en la otra persona, sino enfocarte en lo que tú estás sintiendo, viviendo y experimentando en ti mismo, solamente dándote cuenta, rindiéndote a eso y ya, sin interpretarlo. Durante el ejercicio se prenden en ti diferentes cosas y dejar ser lo que sucede ahí te da la oportunidad de ver cómo se liberan esas sensaciones sin que tú hagas nada.

Los sentidos de urgencia y rapidez han llevado a los seres humanos a vivir con las emociones, pensamientos y dolores fiscos mezclados como un nudo que no permite disfrutar, y crea cansancio crónico y apatía.

No es meditar, ni poner la mente en blanco, ni pensar cosas lindas, simplemente es dejar ser el momento con todo lo que viene en el. Las personas que lo han hecho ya por algún tiempo reportan entre otras cosas: mayor claridad al tomar decisiones, sensación de calma y mejores relaciones.

EJERCICIO 1:

Te invito a que vivas el RETO PRESENCIA[9].

Dedícale dos minutos al día.

Encuentra una persona que quiera hacer este reto contigo.

Se sientan en una silla cada quien viéndose de frente, sin tocar las rodillas entre las dos personas y la tarea es la misma: verse a los ojos dos minutos.

Sin juzgar, observa, deja ser, da espacio a lo que hay en ti, deja ser tus pensamientos, emociones, observa tu cuerpo y todo lo que hay en tu alrededor.

Sin juicio de valor.

Como salga está bien, no hay buenos ni malos resultados, simplemente es.

Si haces este reto durante 21 días te sorprenderás de los resultados.

Es un ejercicio muy potente y rápido, donde sólo tú podrás darte cuenta de las ganancias personales que obtendrás.

¿Listo para aprender a manejar tu auto o barco y a conocer cómo se utilizan cada una de tus herramientas?

---

[9] Entra a nuestra página www.rosydamico.com y encontrarás un video de cómo hacer este sencillo ejercicio que te llevará a vivir aquí y ahora.

5

Las emociones

"No puede haber transformación
de la oscuridad en luz ni de la
apatía en movimiento sin emoción",
Carl Jung

LAS EMOCIONES

La palabra emoción viene del latín *motere* que significa moverse. Es una sensación que permite te acerques a o te alejes de una persona determinada o circunstancia. Es un estado afectivo que te lleva a la acción, que genera conductas que provienen del significado que le das a tus experiencias, trayendo consigo una forma de adaptarse a tu organismo.

Muchas de las emociones que vives a diario crean un espacio que es llenado con pensamientos acerca de las dudas que no te has contestado sobre tu persona y que son mentira porque cuando genera sufrimiento no viene de tu verdad. Además, como todos estos pensamientos los traes día a día, semana tras semana, año tras año y no te gusta sentir las emociones negativas, se van haciendo unos contenedores gigantes donde se guardan esas emociones que hacen que tu vida sea más pesada y todo esto te aleja más de ti mismo. Y es que al vivir las mismas emociones por largos periodos de tiempo se genera en el cerebro una necesidad de estarlas experimentando como si fuera una droga. El cuerpo requiere sentir esas sensaciones porque ya se acostumbró a ellas; así que busca experiencias de ese mismo tipo para llevarte a ellas. Por otro lado, produce algo como una cruda física cuando no las manejas de modo saludable, haciendo que afecte tu cuerpo.

Lo que intentarás con todos los ejercicios que haremos en este apartado es romper el circuito ya acostumbrado de reacción que tienes para crear nuevas conexiones.

También las emociones se van acumulando, porque tenemos la creencia de que la situación u otra persona hacen que sientas esto. Vivimos pensando que los otros son los que crean nuestros problemas y nosotros somos efecto de sus decisiones. Pero en realidad lo que sientes tiene que ver contigo y con las emociones que has guardado por tanto tiempo. Las situaciones externas son una bendición en tu vida pues te permiten día a día sanar eso que necesita ser liberado en ti.

Por ejemplo, alguien puede estar en su trabajo. Llega su jefe a establecer nuevos parámetros de cómo tratar a los clientes. Esta persona empieza a sentirse enojada pensando: "¡Qué se cree él!", sin reconocer la emoción que está sintiendo. Esto a su vez provoca más emociones negativas, pues al buscar fuera de él las soluciones genera gasto de energía personal y baja autoestima. Realmente no puedes hacer nada para implementar cambios en tu vida, si crees que algo de afuera produce lo que estás experimentando.

No querer sentir dolor es un reflejo del ser humano, pero sólo logra que las emociones se tapen y guarden sin darles la salida adecuada.

Las emociones no se piensan, se sienten, no tienen un porqué pidiendo que las sanes, no tienen lógica, pero están ahí y mientras no las vivas de esta manera se irán acumulando. Muchas personas me dicen "es que esto yo ya lo había arreglado" y la realidad es que sí, pero si sigue saliendo una emoción significa que todavía hay algo guardado ahí.

Te podrás dar cuenta que cuando sientes una emoción desagradable todo tu entorno se aprecia como un malestar y por el contrario, un sentimiento agradable crea un bienestar dentro de ti, así que las emociones determinan la calidad de tu vida.

Usualmente las suprimimos o las expresamos buscando culpables de lo que estamos sintiendo o intentamos escapar de ellas a través del trabajo, con videojuegos, con amigos, bebiendo alcohol o durmiendo. El problema es que las emociones que no te gustan las guardas, haciéndolas cada vez más grandes, pesadas y creando explosiones o implosiones en ti. Explosiones suceden cuando eres una persona extrovertida e implosiones cuando eres introvertida. Te enojas contigo mismo porque pareciera que no puedes con algo, te lastimas alejándote de ti y eso es precisamente lo que no necesitas. Requieres hacer equipo contigo apoyándote.

Por lo general nos han enseñado a analizar las emociones. Al hacerlo, creamos un juego. Del cual, la mente requiere una explicación para conocer el porqué de estos sentimientos, lo que nos confunde y da pie a una batalla para convencer a la mente de lo que creemos es mejor en ese momento. Querer pensar o analizar las emociones hace que se haga más complicado su desahogo, pues no tienen explicación; es energía que busca una salida y saber la causa no ayuda a liberarlas. Si cada uno sintiera sus emociones sin pensamientos, durarían lo que dura una carcajada.

Si aprendes a reconocer lo que estás sintiendo, lo observas, le das espacio sin juzgarlo y con tu respiración lo dejas ser, automáticamente empezará a desaparecer; es como vaciar tu taza, dando oportunidad a que pueda entrar lo que necesitas.

Las emociones son una gran herramienta porque hacen que tú percibas, vivas; más importante aún es que estés consciente de que regirán tu vida acercándote o alejándote de todo lo que te sucede. En la medida que algo al sentirlo te guste lo dejarás entrar en tu vida y lo que no, tratarás de alejarlo. Muy frecuentemente las personas se guían por medio de lo que sienten y creen que es su SER el que está hablándoles, pero son solamente emociones.

A la mente no le gusta el dolor, así que intenta alejarse de las sensaciones que cree le producen eso. Todas las emociones son necesarias y sirven para algo, el problema es que te estaciones en una, rigiendo tu vida y decidiendo todo desde ahí. Cada una de éstas son energía y lo único que necesitan es que las reconozcas, las sientas y automáticamente se acomodan en su lugar. ¡Ojo!, si llevas años guardándolas, van a ir saliendo poco a poco conforme se asomen, eso significa que aunque ya lo hayas entendido mentalmente, la emoción puede tardar más tiempo en irse liberando.

Por ejemplo, una cirugía de rodilla. El paciente entiende que hay que operarse y lo hace, pero la fase de recuperación lleva tiempo, ejercitación, conectarse con el movimiento y que sanen las cicatrices. Hablando de emociones es lo mismo; el proceso de liberación de éstas toma su tiempo, pero con la diferencia que ahora hay conciencia de que las estás sanando, que no hay culpables y sabes a dónde vas desde tu espíritu y las dejas salir sabiendo que así funcionas.

Cuando sientes miedo o una conmoción que no te gusta y se te disparan pensamientos de hacer algo horrible o crees que pueda pasar algo fatal, simplemente identifícalos, déjalos salir, déjalos pasar, no juzgues lo que está sucediendo ahí. Cuando haya finalizado la emoción, conéctate con lo que sí hay en tu vida.

Vivir la emoción no te obliga a hacer algo que no quieres, simplemente enfócate en liberar la energía contenida, eso que crees que no debes sentir, sin pensamiento ni acción.

¡Y así observarás que recuperas tu poder personal!

Si alguien te cuenta un buen chiste seguro te reirás; la segunda vez que te lo narre tal vez sólo sonrías, pero si te lo vuelve a decir no expresarás nada. Así pasa también con las emociones desagradables: si las dejas salir en el momento que las percibes no se acumulan, se acomodan y ya.

Así que ante cualquier situación primero que nada deja salir tu emoción, pues eso liberará el espacio que se está haciendo y llenando de pensamientos, para que tú después puedas tomar decisiones desde dentro de ti.

Por otro lado, si vives en el sufrimiento es porque los pensamientos que te dan y los tomas refuerzan tus razones para irte a tu tobogán y a tu hoyo, haciendo más fuerte que creas que tienes la razón. Tu verdad siempre te hará sentirte uno con la vida y lo sabrás desde tu sabiduría interna.

¿Alguna vez te has enchilado la boca?, ¿qué haces para quitarte la sensación de picor? Me podrás decir que tomas agua, te pones sal, comes algo y sí, seguramente se quitará el efecto; pero la forma más rápida es dejar salir la sensación sin hacer nada, estar tú presente para ti mismo. En un principio percibirás que va en aumento, te empieza a hormiguear la boca, te lloran los ojos, pero a los pocos segundos automáticamente empieza a cesar hasta recuperarte. Lo mismo pasa con las emociones, simplemente hay que sentirlas.

Tus emociones son tuyas y de nadie más, quien tiene la responsabilidad de sanarlas eres tú y los otros a su vez las de ellos; las situaciones y las personas sólo son maestros para liberarnos de nuestro sentir y aprender. Imagina que estás en medio del huracán, creyendo en tu poder personal, bien parado, observando cómo pasa la tempestad a tu alrededor, puede que te mueva pero sabes que no te tumba; pues tú eres.

Simplemente te permites sentir las sensaciones, pareciera algo más, pero tienes fe en ti mismo y lo dejas pasar.

Por ejemplo, en estos momentos observa y date cuenta qué emoción hay en ti, en qué parte de tu cuerpo la sientes, reconócela, ponle nombre, respírala... no le des fuerza a tus pensamientos (sin emitir juicios de valor); recuerda que las emociones son energía guardada, así que ¡SIÉNTELA! Cada vez que inhalas llegas ahí y al exhalar la liberas, hazlo así por varios minutos. ¿Qué experimentaste?

Todas las emociones llevadas al extremo son dañinas, desde el placer hasta el dolor, y todas están en tu gama de emociones; está bien a veces estar enojado, después de un rato contento, subir y bajar de estado de ánimo es normal, para eso existe.

Algo que ayuda mucho es bailarlas, pues cuando las sentimos recurrimos a ciertas posiciones que sólo provocan que se hagan más rígidas. Así que puedes poner tu música preferida y sentirlas bailando con tus ojos cerrados, exhalando con tu boca abierta; eso hará que se liberen. Al terminar baila otra canción para nutrirte de lo que sí necesitas.

A continuación te explicaré cómo puedes trabajar con algunas emociones y acomodarlas en su lugar.

PASOS PARA LIBERAR EMOCIONES

Primero que nada tienes que estar presente para ti mismo en este proceso y ser para ti esa guía que estás destinado a ser.

1. **Reconoce y nombra la emoción:** ¿qué estás sintiendo?, obsérvala, dale espacio... ¿Qué emoción es o qué emociones son?, ponles nombre.

   Ejemplo: Estoy sintiendo enojo o una mezcla de enojo con desesperación.

2. **No la juzgues:** ni buenas ni malas, no busques el porqué en tu mente, deja pasar los pensamientos.

   Ejemplo: Si te llegan pensamientos como: "¡Otra vez estoy igual! ¡No sirvo para nada! ¡Me volviste a fallar!" (o los que te lleguen), dales las gracias y déjalos pasar.

3. **Visualízala:** ¿en qué parte del cuerpo está, se encuentra dentro o fuera de ti, en dónde? Cierra tus ojos... Observa si tiene algún color, forma, tamaño, a qué se parece, etcétera.

   Ejemplo: Este enojo se encuentra en el pecho, es de color rojo, parece como una bola de fuego.

4. **Utiliza tu respiración para liberarla:** enfoca tu atención en donde se localiza para que se acomode saludablemente. Cada vez que inhalas llega ahí llevando el oxígeno para la transmutación y al exhalar transformas, sacas, eliminas o neutralizas lo que ya no funciona para ti. Tú eres un simple observador y generador de espacio, tu sabiduría interna hará los cambios.

   Ejemplo: Puedes hacer la respiración Grecca si te ayuda a realizar este proceso.

NOTA: No hay que forzar nada, ni quieras que la mente realice el proceso, ríndete a tus sensaciones y sentimientos, dejándote vivir el momento. Al terminar reincorpórate a tus actividades cotidianas.

MIEDO

"Tener miedo no tiene nada de malo, sólo no dejes que eso cambie quién eres en tu interior",

Anónimo

El miedo es una sensación de alerta con una necesidad extrema de huir, que en muchas ocasiones te alejará de lo que realmente necesitas y es tuyo. Esta emoción, cuando aparece en tu vida, a menos de que estés ante una situación real de peligro, es una forma de protegerte de tu mente. Es como una nube de humo que te separa y no te deja ver lo que hay más adelante para ti. El miedo siempre está en el futuro, es a algo desconocido, una creación de la mente, es aprendido y puede llegar a paralizarte. Así que no es verdad, sino un aprendizaje que introyectaste de exceso de protección, en el que no pudiste discernir lo mejor para ti, es decir, que no tenías claridad sobre tu verdad.

Tu verdad es la luz y ésta nunca podrá ser oscurecida; por decir, aunque existan las nubes en el cielo y no puedas ver el sol, no significa que no está siempre alumbrando nuestro mundo.

Tu verdad es lo que realmente existe y el miedo simplemente es una ilusión de la mente. "Cuando ya no estés dispuesto a ocultar nada, pues la oscuridad no puede tapar la luz", te darás cuenta que "el temer es un engaño, es una ilusión, pues la realidad le corresponde únicamente al espíritu"[10].

Una forma en que se disuelve un miedo es divirtiéndote.

¡Sí!, entreteniéndote con él. ¡Piérdele el respeto! piensa en algo agradable, conviértelo en un juego divertido. ¿Has visto alguna película de terror?, ¿cuáles son tus reacciones al finalizarla?

---

[10] Schucman, Helen y Thetford, William. *Curso de milagros*. Fundación para la paz interior. USA. Junio, 1976.

Pues lo mismo pasa cuando tienes miedo, tu mente genera una película que la vives como si fuera realidad y la crees. Por otro lado has visto parodias en las que se burlan de las películas de terror y te dan risa o te burlas de lo que a veces se toma tan en serio.

Otra cosa que ayuda es ponerte a imaginar nuevas ideas al respecto: ¿qué te gustaría que sí pasara?, ¿qué harías si pasara lo mejor? Conéctate con lo que hay en tu vida y ¡sueña!, dale vuelo a tu imaginación. Si has utilizado ésta para crear y tener miedo, ahora utilízala para divertirte. Si se pareciera a algo ¿qué sería? Y utiliza los pasos para liberar esa emoción.

Si el miedo llegara a paralizarte, haz cosas como darte un baño de agua fría, sal a correr, baila, reconócelo sin juzgarlo. Recuerda que es energía que quiere salir para acomodarse y no es malo temer, simplemente aprende a sentirlo y dejarlo ir. El miedo crece porque le das tu energía y se empieza a convertir en algo muy poderoso que hace que ya no pienses y simplemente reaccionas ante él.

Para aprender a atravesar el miedo utiliza los pasos para liberar emociones. Sé valiente, hazlo divertido, obsérvalo, imagina que te haces más grande que el y con la práctica lo lograrás. El miedo se disuelve si manifiestas asombro ante la realidad de la vida misma, siendo tú luz, dejando de darle energía y conectándote con lo que sí hay en tu vida, viviendo en el ahora.

El deseo, a diferencia del miedo, es una energía muy fuerte, es lo que hace brillar tu luz, el impulso que te lleva y que es muy poderoso, así que siempre te ayudará a lograr lo que te propones.

Encuentra un deseo que venga del amor, de lo que sí quieres que suceda. Por el contrario, el miedo es la fuerza que te frena. Tú eres quien decide qué parte de ti vale la pena, así que empieza a confiar y no te importe que todo tu cuerpo, razón y emoción te digan lo contrario, ensaya a vivir sin miedo al menos unos segundos diariamente o cada vez que te acuerdes.

En definitiva el miedo y el amor no pueden estar al mismo tiempo. Sólo hay dos opciones: sientes miedo o sientes amor.

Acuérdate que donde enfocas tu atención se va tu energía, alimentando al miedo y haciéndolo fuerte. Y al estar alerta de que no suceda lo que tanto temes, sólo generas que suceda y te quitará tu poder. Cuando te atreves a cruzar el miedo, crece algo en ti más poderoso que te dará seguridad; una vez que dejas de darle importancia a lo que no interesa, el miedo deja de servir y empiezas tú a servir.

Marianne Williamson, activista espiritual, autora, profesora y fundadora de La Alianza por la Paz, señala que "quizá nuestro miedo más profundo es que somos inmensamente poderosos", y esto, nos asusta. No es nuestra oscuridad sino nuestra luz la que nos atemoriza.

En la medida que dejes brillar tu propia luz le darás permiso a otros seres de hacer lo mismo.

¡Deja de vivir el miedo, mejor vive tú!

CULPA

"La culpa no está en el sentimiento,
sino en el consentimiento",
San Fernando de Claraval

La culpa es una de las experiencia humanas que perpetúa el sufrimiento y es totalmente egoísta. Es lo más destructivo que hay, dado que es como rabia dirigida hacia ti mismo porque en algún momento te desilusionaste de ti. Puede venir de un aprendizaje de la niñez, del momento en que supones violaste tu sistema de creencias acerca de cómo debe ser la vida.

Es vivir en el pasado, lamentándose por lo que no se logró, lo que no pudo ser. Es revivir los momentos en los que se falló.

Aleja lo que es verdadero para ti, pues te hace sentir que no mereces lo bueno que haya en tu vida. Es un patrón de vida que lo único que logra es quitar energía y te aleja del presente, haciéndote sentir insuficiente en el momento actual que es el único que existe. La culpa significa "yo no merezco tener cosas buenas por algo que creo hice mal y que no tiene mi propio perdón".

Cuando vives dentro de esta emoción estarás muy al pendiente de los defectos de los otros, de lo que no hacen. Al estar a solas serás muy duro contigo mismo, haciendo nula tu capacidad de disfrutar. Por ejemplo, imagina que sin querer ingeriste veneno. Cuando ves la botella te vas corriendo al hospital a que te realicen un lavado de estómago para salvarte, ya que no quieres morir. Esto es lo que todo el mundo haría. Así pues, la culpa tiene el mismo efecto; es un tóxico que tomaste pero, no buscas salvarte, sino que sigues bebiendo el veneno que te enferma y te aleja de lo que ERES.

Es momento de que busques el antídoto que cure la culpa. Este antídoto puede ser comprometerte a conseguir lo que necesitas, que es disfrutar, perdonarte, ser disciplinado contigo pero desde el amor. Y también, la resolución de no volver a dañarte jamás.

Si quieres pagar por aquello que cometiste, hazlo.

Pero si te vas a castigar, que sea de una manera saludable. ¿Qué quiero decir con esto? Que para liberar el veneno hay que sacarlo de otra manera. Veamos, si te sientes culpable porque trabajas y no puedes estar con tus hijos, decide lo que sí vas a hacer para estar con ellos. Crea una acuerdo contigo mismo que sí puedas cumplir y pon una consecuencia para cada vez que sientas culpa o no lo cumplas; algo que duela saludablemente (que sea ético, legal y moral), como hacer ejercicio, dejar de comer postre, ir a hablar con aquella persona que odias, recoger la basura, dar un masaje a tu pareja, leer el cuento que nunca leíste, etcétera, algo que no te guste hacer y que tendrías que realizar de todas maneras. Así que ponte una consecuencia dura, pues el castigo tiene que doler pero a favor de ti o de alguien más. De este modo, ya no te enojarás por sentirte culpable.

En cuanto se haya ido la culpa mírate al espejo, dispón de unos minutos para voltear a ver la situación e imagina cómo será cuando hayas recuperado lo que perdiste en la caída, cuando vuelvas a ser tú, cuando pases por ahí sin caerte... cómo será cuando puedas ver esto como un recuerdo sin dolor. Dónde estarás, quién estará, cómo será, cómo te verás y cómo será tu mirada. Si quieres algo diferente en tu vida, quien primero debe creer que es posible eres tú. Todo empieza por imaginar que es posible.

Ponte de pie ahora y mírate en el espejo. Empieza por decir: "Me quiero mucho y aquí estoy". Al principio no lo vas a creer, pero con la práctica irás despertando el amor por ti.

¿Qué hiciste o crees haber hecho que te hace sentir culpable?

¿Observas alguna sensación?

¿Dónde la sientes?

Toma unos minutos para observarla.

¿A qué se parece? ¿Es una sensación, color, imagen, textura?

Trata de sentir tu respiración y una vez protegido entra en eso que observaste.

Con cada respiración empieza a sentirte más grande, más grande cada vez, recuperando tu poder, liberando todo lo que no es tuyo ahí.

Mientras, sigue observando sin emitir un juicio, ni consumir energía, sólo déjalo ser…

Hazlo cada vez que te invada el sentimiento de culpa.

Metáfora: el altar

Un altar es una mesa alta o con varios pisos, donde se hacen ofrendas dedicadas a algo o alguien para brindar honor por su vida o por el significado que ésta tiene o tuvo en la propia existencia de quien hace la ofrenda.

Los altares se pueden ver en las iglesias (con santos y vírgenes) o en lugares de oración donde se rinde tributo y son sagrados. En México el 2 de noviembre se festeja a los muertos, a los seres queridos que se han ido. Se acostumbra hacer esto con ofrendas de comida, bebida, flores y cosas que le gustaban al difunto. Y a manera de homenaje hacia la persona querida se dejan expuestos sobre un altar por varios días. Son intocables y el área del altar es de mucho respeto.

Cuando en la vida de alguien ocurren eventos traumáticos o difíciles que generan culpa, producen dolor y se hacen crónicos, pareciera que se crean altares de una forma parecida.

Cuando ciertos estados de ánimo dolorosos se vuelven permanentes.

Cuando una tos o el cansancio se vuelven habituales y no permiten disfrutar las cosas. Cuando te invade la tristeza, la culpa, ese algo que te haya marcado después de un evento difícil, como cuando en tu vida no puedes hablar de algún tema porque es doloroso o de situaciones que cuando te acuerdas generan un sufrimiento constante o algún secreto del que nadie puede hablar, etcétera, para la persona que lo guarda, se forma un altar.

Puede haber diferentes tipos de altares:

- Un lugar dentro de ti donde no puede entrar nadie, es prohibido y está guardado. Es algo que escondes, no quieres hablar ni que nadie se entere de ello.
- Otro caso puede ser un evento que marcó tu vida y que puedes haberlo tomado como positivo o negativo, por ejemplo la muerte de alguien, donde desde ese momento tu vida cambió y te vistes de negro, ya no sales o haces cambios radicales en tu vida. Repites frases como: "desde que se fue", "cuando pasó eso mi vida cambió", "ya no soy el mismo...", dando pie a nuevas formas de conducta en tu vida de manera dolorosa y a veces autodestructiva.
- Cuando crees que alguien te hizo un agravio, te lastimó fuertemente y lo guardas porque no es justo lo que te sucedió.

Éstos son un altar debido a que energéticamente has puesto la mesa con elementos que nadie puede tocar y donde sólo tú te acercas en silencio diciendo "si no me hubiera pasado eso, yo sería feliz. Si tú siguieras aquí conmigo, mi vida sería diferente. Desde que me corrieron. Cuando me dejó. Morí en vida. Desde que pasó el incidente mi vida cambió. Si él ya no está yo no vivo", etcétera.

Algunas personas dedican su vida a estos eventos y crean una nueva forma de vivir a través de ellos. Es una forma de castigo que genera culto hacia el dolor para pagar lo que se debe, para sufrir igual como se supone que sufrió ese ser querido, para tener algo que recuerde por qué no se puede ser feliz o por qué no se pueden hacer cambios trascendentales en la vida.

No importa si fue un rompimiento con alguna persona, dejar un trabajo, la muerte de alguien, haber quebrado un negocio, un accidente, una etapa nueva en la vida, dudas sobre sí mismo; lo que interesa es el significado que se les da y las decisiones que se toman al respecto sin poder soltarlo.

Algo que ayuda mucho es darse cuenta que ya pasó, verificar el hecho y la opinión, utilizar los pasos para liberar la emoción y sacar esa energía de ahí. Otra forma que alivia es platicar con alguien, con algún profesional de todo lo que está ocurriendo dentro de ti, pues sanarás el dolor.

Otras veces puede suceder que superas esa situación difícil, pero sigues manteniendo el altar que pusiste, sin darte cuenta que ya no lo necesitas. Es como un cascarón vacío que durante algún tiempo te sirve para refugiarte, pero ya no lo ocupas para seguir con tu vida; incluso ya tienes ganas de hacer cosas nuevas, solamente no sabes cómo cerrar este capítulo.

En situaciones de pérdida puede ser sano hacer este altar, pero solamente en un principio y con la intención de ir despidiéndonos de lo que se perdió, dar el tiempo necesario para cerrar el ciclo.

Cualquier cosa que pasa es para aprender algo y ser mejores.

Lo que no hay que permitir es que la pérdida se convierta en forma de vida.

Si tú al leer esto te das cuenta que tienes un altar y estás de acuerdo conmigo en que todo lo que pasa en la vida es para aprender, dime... con toda la información que ahora tienes ¿cómo podrías convertir ese altar en una intención de amor, de ayuda a los demás?

Apoyar a otros hace que desaparezca el altar y que tenga un propósito el momento tan difícil que pasaste. Cuando sanas cosas en ti, ayudas a los demás a que lo hagan, ya que con tu ejemplo dejas un precedente para que lo intenten.

Lo que hay que hacer para deshacer estos altares y recuperar tu vida y energía es:

- Darte cuenta que tienes ese altar.
- ¿A qué o a quién le pusiste ese altar?
- ¿Qué quieres lograr al tenerlo? ¿Para qué sirve? ¿Qué estaba yo aprendiendo en el momento en que lo puse?
- Si el altar es de alguien que murió ¿cómo podrías celebrar su vida viviendo la tuya? ¿Cómo lo convertirías en una experiencia de amor? ¿A quiénes podrías ayudar para que nunca vivan lo mismo que tú?
- Empieza a platicar de esa situación con otra persona y que ya no sea un secreto, sino un momento del que aprendiste algo. Cuéntalo cuantas veces sea necesario. Busca a alguien con quien te sientas escuchado.

ENOJO

> *"Que maravillosa ha sido mi vida, ojalá me
> hubiera dado cuenta de ello antes",*
> Colette

El enojo es una sensación que conlleva mucha fuerza. Es indignación hacia algo que se cree injusto y a veces pareciera en sí mismo que busca la destrucción. Una persona enojada nunca dirá "estoy equivocada", sino que buscará hacer valer sus creencias sobre lo que supone está correcto, desde un principio y sin conceder el derecho a réplica.

Hay mucha energía y eso es bueno porque la materia está en movimiento, el problema es que a veces se guarda y se contiene.

Así que cuando algún evento mueve al enojo, es imperativa su liberación; pero otras veces explota sin control.

Si lo expulsas hacia los demás cada vez que lo sientes, te alejas de los tuyos y pierdes la conexión con ellos, ya que los contagias de esta emoción. Como consecuencia tú no sanas y lo sigues acumulando. Pero quienes lo recibieron lo transmiten adonde sea que vayan.

Si lo guardas, es algo que reprimes como una bola de fuego, que sacas sutilmente para quemar a quien crees que te lo provocan. Esta forma de enojo que pareciera ligera es muy dañina, pues la persona que lo guarda lo libera a través de hostilidad oculta.

Su impulso de vida depende de mantener encubierta la hostilidad, disfrazándose de una cara linda, pero por debajo de la mesa quiere patear.

Cualquiera de estas dos formas de expresar tu emoción del enojo hacen que vivas en la ilusión de que los demás son los responsables de tu forma de actuar, dejándote imposibilitado para operar a tu favor.

Aquí hay dos maneras de solucionarlo y una ya la sabes; que es con los pasos para liberar emociones. Recuerda que se vale sentirse enojado, darse la oportunidad de vivirlo, pero sólo para sanarlo porque es algo que se genera en ti y los demás no tienen la culpa de ello. Las situaciones que vives solamente prenden algo que ya estaba adentro de ti. La responsabilidad y única forma de sanar el enojo siempre será tuya.

La otra opción es ir con algún especialista que te ayude a curar con alguna técnica y que puedas encontrar el aprendizaje en esa situación, para que cada vez que salga sea para aprender de ti y no para hacerte daño.

TRISTEZA

"Si por la noche lloras por no ver el sol, las
lágrimas te impedirán ver las estrellas",
Rabindranath Tagore

La tristeza es una emoción con poca energía que llega a convertirse en apatía y puede estar acompañada de mucho dolor. Quien la sufre se siente traicionado, como si le hubieran dado un golpe bajo, quitándole fuerza de vida. El llanto, el desánimo y vivir en el pasado son parte de la tristeza.

Es estar anclado en el pasado. Atorado en algo que lastimó, poniendo en pausa la plenitud de la vida. Cuando experimentes esta emoción es importante dejarla sentir como cualquier otra, pero sin seguir alimentándola con la mente.

Cuando la tristeza llega es como si tú fueras una pelota que anda botando por todos lados y de repente pasa algo que te poncha, dejándote sin aire, que si no sellas la ponchadura continuará saliéndose, desinflando más tu energía. Es importante tapar el "hoyito" con amor y con lo necesario para volver a inflarla.

Puede ser que debajo de la tristeza haya ira o enojo guardado por la impotencia del dolor que causó esa situación.

Así que si de repente te sientes muy enojado ¡está bien!, pues destapaste lo que estaba debajo de la tristeza y ahora hay que sanar el enojo de la manera más saludable.

Es un problema cuando la tristeza se vuelve el eje de la vida, porque en la persona que la padece existe la sensación de que fue traicionada, dio de más, fue defraudada, sufrió por injusticia, etcétera. No importa cuál fue la razón de tu tristeza, quien la siente eres tú, así que tienes que ser responsable y sanarla porque es tuya, de nadie más. Recuerda que los otros no nos hacen cosas sino que tú decides de qué llenarte con cada situación que sucede.

Las emociones tienen en sí mismas la raíz de su presencia. Es importante observar qué es lo que realmente duele en cada situación. Defínelo y siéntelo, nada más.

También puedes ponerle un tiempo a tu tristeza, a veces se vale estar afligido, pero ponle un lapso determinado, establece uno para que después de ese periodo te dediques a sanar y a volver a ser tú.

EJERCICIO:

Dispón de unos minutos y haz el siguiente ejercicio:

¿Qué es lo que realmente te duele?

Dilo en voz alta varias veces.

Siéntelo…

Concéntrate en tu respiración…

Mientras lo dices, enfócate en la parte de tu cuerpo que te duele…

Deja pasar tus pensamientos sin juicio de valor.

Al terminar, ¿qué aprendiste de ti?

ANSIEDAD O ESTRÉS

"He cometido el peor pecado que uno
puede cometer. No he sido feliz",
Jorge Luis Borges

Ansiedad significa que en tu vida, quien falta eres tú. La señal que te está dando es una mezcla de emociones y como no te gusta sentirlo, intentas huir; entonces la sensación se hace más grande.

Sigue este principio: *Si lo dejas ser ¡empezará a desaparecer!*

El estrés es un mecanismo que todos los seres vivos tenemos. Es una señal de alerta para utilizarla ante un peligro inminente. Para después apagarse cuando éste ya pasó. Es como una liga que se estira cuando estás en situaciones de cuidar tu existencia y que se vuelve a poner "flojita" cuando sabes que ya terminó la emergencia.

En los animales funciona de manera espontánea, por ejemplo, cuando un venado advierte que otro animal se lo quiere comer, se va corriendo a pasos agigantados. Se encuentra en un estado de alerta temiendo por su vida. Al poco tiempo, cuando ya no siente el peligro, su existencia vuelve a ser normal, camina apaciblemente y se relaja.

En los humanos, por olvidarnos de vivir desde nuestro centro, enfocados afuera y no hacia adentro, la liga se queda estirada y ya no regresa a su nivel natural.

Los motivos por los que sucede son:

• Rige más la mente que el SER. Como la sociedad actual vive muy enfocada en la mente, todas las opciones que ésta genera las toma como posibilidades. Hay dudas que se han creado y permanecen así por días, meses o hasta años.

- En otras ocasiones son situaciones que se viven a diario, pero no se le da el espacio a cada cosa que sucede.
- No se cierran los ciclos.
- El nivel de estrés es usado por largas temporadas para lograr proyectos donde el cuerpo se acostumbra a vivir así.
- La rapidez con la que cambian las situaciones actualmente debido a la tecnología, las condiciones económicas o la inseguridad en algunas ciudades, hace que se viva en un constante estado de alerta, con desesperación y luchando por encontrar soluciones basadas en el miedo y no en la capacidad de tu SER.
- La necesidad de querer hacer varias cosas al mismo tiempo, sin tomar en cuenta los límites del cuerpo, del tiempo y sin considerar que sólo existe una vida. Esto crea mucha frustración, lo convierte en una búsqueda incansable de hacer por hacer, sin satisfacción, pues se ha creído que si no se logran cosas no se es nadie.

Una forma fácil de bajar la ansiedad o el estrés es haciendo el ejercicio de PRESENCIA cada vez que suceda.

EJERCICIO:

Haz los pasos para liberar emociones y al finalizar:
- Observa qué necesitas en ese momento para ti.
- Después encuentra lo que sí hay en tu vida y conéctate con eso.

ABURRIMIENTO

*"El aburrimiento es en cierto modo el más
sublime de los sentimientos humanos",*
Giacomo Leopardi

El aburrimiento es una emoción que refleja desinterés e inactividad. Pocas veces se deja sentir y cuando se percibe se cree que así no debe ser, pues está muy mal vista por la sociedad. En otras ocasiones forma parte de tu vida diaria debido a que estás triste y desilusionado de la vida.

Esta emoción no tiene buena reputación. Se cree que si te la permites se va a hacer costumbre, además de que se piensa que aburrido es sinónimo de perdedor. ¿Cuántas veces has oído a niños o adultos decir "¡es que estoy aburrido!"?, manifestando al mismo tiempo una gran urgencia de hacer algo para quitar esa sensación rápidamente.

El aburrimiento surge porque el tiempo pasa muy lento. Es una sensación catalogada como desagradable. Pareciera como desilusión, desgano, con una gran obligación de hacerlo desaparecer como sea. O, por el contrario, otras veces te dejas vivir en el aburrimiento de una manera autodestructiva o infantil, con la creencia de que pensabas en algo que no es para ti ni lo mereces.

Al ser antesala de algo nuevo, el aburrimiento es una gran emoción; es un momento de descanso, de nada o de vaciarse para que nuevas cosas o proyectos puedan llegar. Es como la tierra que se siembra, siempre tiene que haber una etapa donde no se le hace nada, para que recupere sus minerales, se produzcan nutrientes y se vuelva a utilizar para el cultivo. Cuando te sientas aburrido, déjalo sentir pues es un momento de vaciar la taza y dejar que entren cosas nuevas. Pero como todo, es un proceso y requiere de tu confianza en lo que eres para que llegue lo que es para ti.

Muchas veces se confunde con apatía pero no es lo mismo. Ésta es indiferencia, desidia y falta de fuerza crónica ante la vida.

El aburrimiento es una emoción que se siente a veces y que vale la pena considerarla porque es un momento neutral que da la capacidad de volver a empezar.

Que puedas permanecer así y decir "¡estoy aburrido!" y vivirlo, le da diversidad a tu gama de emociones. Hay un aprendizaje.

Es una experiencia diferente para ti. Es la oportunidad de ver nuevas cosas, dado que muchas veces no tienes el tiempo de apreciarlas; es conectarte con el mundo real, dar espacio a la rutina, la prisa, los planes, a todo eso que tienes que hacer; es aumentar la capacidad de observar, de amarte tal y como estás.

En momentos así confía en lo que ERES, deja vivir la emoción y trabaja en tu capacidad de merecer lo que vendrá porque será mejor de lo que vives hoy.

AGRESIVIDAD

"Lo más atroz de las cosas malas de la gente
mala es el silencio de la gente buena",
Mahatma Gandhi

En este libro no se hablará de la agresividad como generalmente se conoce, ni entraré en temas como la violencia —que valdría un libro entero para analizarla—, sino de la manera saludable de poder expresar esa emoción que hay en ti. La agresividad es cualquier acción o reacción, sin importar su grado o intensidad, ante la provocación o el ataque. No se limita a actos físicos, sino que puede ser de tipo verbal como los insultos e incluso no verbal como los gestos y ademanes.

Pero, ¿para qué existe esta emoción, cuál es su finalidad? Para mí la agresividad en su forma natural (que pocos sabemos sentir) es una reacción animal para cuidar, defender el espacio propio y poner tu huella en esta tierra.

Desde el principio de los tiempos el ser humano tuvo que defender su casa, su comida y establecer su territorio cuidándose del clima y fabricando las herramientas necesarias para sobrevivir.

El hombre de las cavernas se fue dando cuenta que la agresividad le funcionaba para proteger las áreas que ya había ganado y podía relajarse, pero también cuáles eran los desafíos que le presentaba su momento.

En la actualidad, la agresividad no es bien vista, pero la realidad es que se fue acumulando creando violencia de todo tipo. La violencia se forma cuando guardas emociones y se mezclan dentro de ti como en una olla de presión donde el fuego de la vida aumenta.

Y como los seres humanos no saben expresarlas de modo saludable, termina siendo algo muy fuerte para ellos y para quienes la reciben. La agresividad en cambio, en su parte natural, sería saber ponerte en tu lugar; es decir, tomar el sitio que te corresponde, expresándote con convicción y en paz desde tu poder sin utilizar la fuerza.

Agresividad personal es tener la capacidad de poder decir "aquí estoy y éste es mi lugar, merezco vivir aquí y ser lo que soy", sabiendo cómo ejercerla de manera natural, respetando su proceso.

Es tu poder, basado en la verdad, siendo responsable y disciplinado; por el contrario, la fuerza tiene todas las razones basada en argumentos, en soluciones rápidas. Por ello es la generadora de violencia.

Cualquier emoción, si se vive saludablemente se acomoda en su lugar y no lastima, generando un poder personal, con la facilidad de utilizar el matiz que se necesite dependiendo de la situación.

Esta emoción llamada agresividad aprendiste a contenerla, a darle el significado de no aceptable o expresarla para poder liberar toda la energía contenida en ti. La agresividad es parte intrínseca de las personas.

Quedó aprendida culturalmente desde los tiempos de las cavernas para utilizarla sólo en casos de saturación. Lo importante ahora es saber para qué sirve y qué es. Aplicarla para el autocuidado, para la responsabilidad de defender el espacio propio y para que lleve a lograr lo que se necesita de modo saludable.

No significa pelearte contigo o los demás, empujando a otros fuera, sino desde la paz y la decisión personal de hacer lo que te toca.

Es utilizar tu energía para saber qué es para ti, cuál es tu intención, construir con amor tus sueños, y para dar el valor a lo que realmente es importante en tu vida.

La forma de activar la agresividad es conectarte y decidir desde tu SER, crear tus propios límites, decir "no" cuando tienes que hacerlo y decir "sí" cuando te parezca, ser responsable de tus actos y congruente con lo que eres, haces y tienes.

Es esa garra interna que cada persona tiene; pero hay que aprender a usarla de manera saludable; en tu propio beneficio.

Los desequilibrios en la agresividad suceden cuando por inseguridad y falta de responsabilidad personal la dejas salir de manera desmedida, lastimando y rompiendo todo lo que se encuentra a tu alrededor como tus relaciones afectivas, las cosas, la autoestima, la integridad física. Hay quienes no se atreven a expresarla y prefieren condescender y dejar a un lado sus propias necesidades, callando lo que realmente hay dentro de ellos.

Cuando no te atreves a poner tu lugar en esta tierra, hay una resistencia a crecer y asumir la propia responsabilidad.

La agresividad es una obligación que tenemos como seres humanos de enfrentarnos con nosotros mismos y autocuidarnos.

Cuando la vives como una emoción saludable no se grita, ni se lastima, simplemente se toma el lugar que corresponde, fortaleciendo tu capacidad de merecer un lugar en este mundo.

PERDÓN

"El que es incapaz de perdonar
es incapaz de amar",
Martin Luther King

El perdón es el acto de rendirse y no pelear más. Es una forma de liberarte de algo que crees que otros te hicieron y causó dolor en ti. Cuando la persona herida logra crear el perdón, se genera en sí misma un bien mayor que al causante de la ofensa, pues quien se libera realmente es el que perdona.

Cuando no lo haces te aferras a viejas heridas que el rencor sigue alimentando con resentimiento. Te contaré de un caso que encontré descrito por Jesús Ramón Gómez, escritor y terapeuta colombiano: "Entre mis pacientes, tuve una mujer de 30 años, que me narraba la manera como había sido violada insistentemente por sus primos que se quedaban a cuidarla cuando sólo tenía nueve años. Ella decía: —Había momentos que deseaba coger a cada uno de ellos y rebanarlos en tajadas con un cuchillo eléctrico—. Cuando fue oportuno como psicoterapeuta, le pregunté: —¿Y por cuántos años más te seguirás dejando violar por ellos?— Ella reaccionó, me miró y en sus ojos comprendí que había entendido el mensaje".

Cuando no perdonas sigues dando a quien te ofendió la oportunidad de maltratarte permanentemente.

El perdón ofrece incluso la sensación de plenitud que creías perdida. Te devuelve la libertad de volver a ser quien eres. Cuando perdonas, tú eres el que recupera su armonía.

Perdonar no significa dejarte pisotear, justificar u olvidar, sino aceptar que las personas o situaciones a veces no son lo que esperas o que cuando sucedió el hecho no era el mejor momento o tal vez creaste muchas expectativas de dicha situación. Perdonar tiene que ver con soltar y dejar el asunto a cargo de una fuerza mayor, pues el perdón es una gracia que llega de Dios.

En aquellas situaciones donde tus expectativas son rebasadas, no importa si fue un desastre natural que se llevó tus posesiones, si perdiste a un ser querido, o simplemente si tu mejor amigo te hirió; la tentación de dejarte llevar por la venganza y la ira es grande, con la falsa ilusión de que al comportarte destructivamente recuperarás algo de lo que perdiste.

Primero aprende a sentir tu dolor, todo lo que para ti es verdad, viviendo esa tristeza; éste es un proceso donde se requiere tiempo para sanar heridas, pero sobre todo reconocer que has decidido creer que esto fue una injusticia para ti.

La vida no es justa, simplemente es. Si observas a tu alrededor, por ejemplo en los cambios climáticos o en la selva en la forma de sobrevivir de los animales, no hay creencia de bueno y malo, no hay justicia, simplemente es.

Además, los rencores que guardas son las semillas de un árbol que pronto crecerá; es necesario que los cortes de raíz, porque el rencor es un veneno que va recorriendo tu cuerpo, enfermándolo.

Cuando sabes que has cometido un error, ejercer tu responsabilidad de pedir perdón y darte cuenta de tus actos hace que se regrese a tu entorno lo mismo para ti. Pero si cada vez que te ofenden tú ofendes, no te das cuenta de que estás ofendiendo o no sabes cómo pedir perdón, también eso crearás en tu vida. Además, cuando pides una disculpa o perdonas a alguien, le estás enseñando a las generaciones que vienen tras de ti a hacer lo mismo.

Jesús decía que había que perdonar a tus hermanos hasta 70 veces siete, esto significa que quien siempre tiene que hacer un cambio interior eres tú. No esperes a que el otro venga a disculparse, enfócate en ti, en tu ser, en la persona que merece recibir el perdón. Sana tu emoción, pues al menos recuperarás algo muy importante: tu paz interior.

El perdón es amor puro. Cada vez que logras perdonar, en tu interior se forma como un escudo para ti en donde la maldad de otros no penetra. Cada vez que das amor de corazón con perdón, estás siendo inmune a los ataques externos... ¿No crees que vale la pena para ti?

EJERCICIO 1:

Escribe una carta donde dejes sentir todo lo que te dolió, cómo viviste algún evento con todo lujo de detalles, todo lo que te lastimó alguna persona; sé muy explícito. Escribe ahí todo tu sentir, completo, con todas sus palabras. Puedes poner algunas altisonantes, ríndete a eso que estás sintiendo y exprésalo.

Cuando hayas terminado de escribir la carta, analiza si no te faltó nada. Descansa un poco, respira, encuentra un lugar seguro y quémala completamente. Observa cómo se hace cenizas. Haz el mismo ejercicio en tu corazón, pide que el perdón habite en ti.

Después puedes hacer mentalmente el hecho de soltar lo que haya, las veces que necesites.

EJERCICIO 2:

Busca en la página www.rosydamico.com el video de Yo soy perdón, para que hagas la meditación que te ayudará a conectar con este estado del alma.

AMOR

"No ser nada y no amar nada, es lo mismo",
Ludwig Feuerbach

No hay otra ley en el universo más poderosa que no sea el Amor. Es un acto de naturalidad, algo que viene de adentro, de la fuente, de lo que ERES y forma parte de tu diseño como humano. En la vida sólo hay amor, todo lo demás son ilusiones creadas por la mente. El amor no es fuerza ni se exhibe, simplemente es, y cuando lo vives encuentras equilibrio.

Contrario a todas las emociones que vimos anteriormente, estar en amor no se nota, es fácil, libre, es estar desde tu SER siendo tú.

¿Para ti qué significa vivir en el amor?

Puede ser que creas que es estar excitado, apasionado o enamorado y claro que todas estas sensaciones tienen amor en ellas, pero vivir en amor no tiene emoción, es vivir en armonía, paz y por lo general las personas no lo distinguen.

¿Te ha pasado que te lastimas un dedo y te acuerdas de éste todo el día? Te das cuenta entonces de lo importante que es tu dedo en tu vida diaria, pero en el momento que sana ya pasa desapercibido en tu vida, pues él cumple su función y tú la tuya con naturalidad, eso es amor.

Vivir en amor no cuesta trabajo, es sencillo y pocas veces te das el tiempo de disfrutarlo. Aprender a vivir tus emociones te va a llevar a la única emoción natural que hay, que es el amor, para sentirla nada tiene que pasar, simplemente es.

6

El cuerpo

"Tu cuerpo es templo de la naturaleza y del espíritu divino. Consérvalo sano, respétalo, cuídalo, concédele sus derechos",
Henri-Frédéric Amiel

EL CUERPO

El cuerpo es tu vehículo, el medio de transporte, tu traje último modelo para estar aquí. Es el pase para vivir en este mundo, es el que te ayuda a percibir todo el exterior a través de tus sentidos. Para utilizarlos apropiadamente imagina que estos juegan un papel de hijos mientras que los órganos son los padres. Así que aunque a los sentidos les guste algo, el padre sabe que no siempre se les tiene que complacer.

Consta de tantas partes, mecanismos, funciones y procesos que no importa si crees o no en Dios, la realidad es que es una creación maravillosa que se te ha dado. Dependiendo de la forma en que vivas te dará un mejor rendimiento.

Todo lo que se calla el cuerpo lo expresa y gracias a su magnífico diseño tiene grandes capacidades de autorregulación, proporcionándote siempre los medios para que te conozcas mejor, buscando superar lo que le aqueja.

Es como un automóvil; debes saber dónde está el motor y todos los mecanismos que lo hacen funcionar; qué tipo de gasolina usa, cuál le da más potencia, cómo se cuida, qué tipo de aceite usa, etcétera.

La mayoría de las personas no sabe dónde están muchas de las partes del cuerpo, qué procesos logran y para qué sirven.

Existe tal desconexión con el cuerpo que su principal fuente de energía, la comida, se ingiere más por placer que para obtener rendimiento y mayor calidad de vida. Si lo utilizaras a tu favor comerías lo que necesitas, sabiendo qué es lo que requiere y no lo traerías a marchas forzadas, con excesos o con largos periodos de ayuno.

Todas las historias u opiniones que has creído de ti hacen que pierdas contacto con tu cuerpo y con los hechos que vives día a día. Así que si te gusta la imagen que tienes de éste ahorita, te entristecerás cuando vaya envejeciendo o quizá si tienes una idea de él que te produce sufrimiento, nunca podrás arreglar la situación que te aqueja, ya que parte de la raíz del problema es que no te puedes ver realmente a ti mismo.

Por ejemplo, una vez vino a consultarme una persona que había tenido un accidente automovilístico, por el cual su pierna había quedado sin mucho movimiento, y estaba tan enojado con esa parte que también le producía baja autoestima, pues no se sentía completo. Otro caso que veo comúnmente es que las personas se ven más gordas o más delgadas de lo que realmente son, afectando su salud, sin una correcta visión de lo que necesitan.

Yo te pregunto: si tuvieras un Ferrari, ¿cómo lo tratarías? Con toda seguridad lo pondrías en la sombra para que no se caliente, lo cuidarías, limpiarías y le darías los mejores servicios, ¿no?, pues de esa manera deberías tratar a tu cuerpo también.

Hay que mantener el cuerpo en forma para exigirle en cuestión de trabajo. Puede darte un mejor rendimiento a través del ejercicio y el descanso. Si te duele algo trabájalo terapéuticamente. Eso y darle la alimentación adecuada son la base para que tu vehículo se conserve y pueda llevarte en mejores condiciones a donde vayas.

Así que no aceptes cuando te convence tu mente de no darle lo mejor a tu cuerpo, pues es tu canal para percibir este maravilloso mundo a través de tus sentidos.

Como lo mencionamos anteriormente, para conservarlo sano es indispensable conocerlo, hoy te invito a que busques en internet el cuerpo humano, dedícale unos minutos a ver todas sus partes para que las conozcas y sepas dónde están. Por lo general sabes que existe alguna parte de ti cuando te enfermas y tienes que atenderla con el médico. Cuando es así es molesto reconocer que algo no funciona y de manera contraria, cuando estás en equilibrio, no te das cuenta ni que existe. Pero tu cuerpo hace maravillas todos los días por ti para que todo funcione y esté en equilibrio.

En cierta ocasión regresé de un viaje con un dolor muy fuerte en la parte alta de mi abdomen, fui rápidamente al médico, me pidió que me sacara un ultrasonido y al ver los resultados me dijo que tenía un pólipo en la vesícula y que, aunque no urgía, me tendría que operar. Algo dentro de mí decía que no era lo que yo necesitaba, así que fui con dos doctores más, quienes me dijeron lo mismo. Entonces programé mi operación, pero en mi SER había algo que no estaba convencido, así que tres veces pospuse la cirugía y la última vez el doctor se enojó tanto que me dijo: "¡Si te da cáncer yo no me hago responsable!". Imagínate cómo me sentí, con miles de dudas porque el experto en el cuerpo quería a toda costa que me operara.

Gracias a Dios ese mismo día mi papá consiguió cita con otro especialista que no era cirujano, quien me dijo que había tres criterios que un paciente tenía que cumplir para ser operado y yo no cumplía ninguno de ellos. Al mismo tiempo tomé terapias alternativas, aprendí cuál de mis emociones estaba en mi vesícula y cómo se reflejaba esto en mi vida. Este doctor me dijo que siguiera monitoreando mi vesícula cada año. Hasta el día de hoy han pasado años, mi vesícula funciona y el mismo pólipo sigue estando ahí sin ninguna complicación. Aprendí también que el cuerpo busca el equilibrio y puede ser que esa verruguita sea parte de la armonía necesaria del mismo. Para mí fue una gran lección de vida porque seguí mi propia sabiduría y no sólo mantuve mi órgano, sino que aprendí que la vesícula tiene que ver con la autoestima y con la confianza.

Cada parte del cuerpo tiene una relación con la forma en que vives; no es casualidad que te enfermes de una cosa u otra, pues siempre hay un trasfondo emocional que es el reflejo de tu forma de vida. La enfermedad te lleva a reconocer tus circunstancias de vida y de qué forma solucionas lo que te pasa diariamente.

Para conocer el cuerpo hay que vivirlo, escucharlo, dejarlo sentir, darle su espacio y permitir que a través de sus mecanismos de equilibrio se sane. ¿Cuántas veces te llega un malestar y te urge que se quite para seguir con tus actividades? Prefieres gastar dinero, ir al doctor o tomar una pastilla para continuar con tu rutina ya que no hay tiempo. La idea no es que nunca vayas al médico o tomes algo, sino que te escuches primero y des lo que necesitas para tu bienestar corporal. El cuerpo tiene mecanismos de autosanación como el dar espacio, observar y dejar ser, que logran que automáticamente empiece a acomodarse cualquier molestia.

Así como las emociones se sienten y no se piensan, el cuerpo se vive y se deja escuchar, para que tú puedas utilizar su sabiduría interna a tu favor, generando mejores resultados y mayor capacidad de disfrutar tu vida.

Por ejemplo, tu cerebro en su dinámica diaria está haciendo conexiones neuronales, que es la comunicación de una terminal a otra. Cuando va envejeciendo, las personas se cansan y dejan de hacer cosas de su rutina diaria porque creen que así se sentirán mejor, pero la realidad es que necesitan continuar realizándolas para que su cerebro no se debilite. Una manera de tener el cuerpo en forma es proponerte retos físicos y lograrlos, buscar ser autosuficiente en tu casa, las cosas que más trabajo te cuesta hacerlas, crear rutinas que te inviten a salir de tu zona de confort, así como involucrarte en ayuda social.

Y volviendo un poco a la alimentación, que es fundamental, cuando uno está en etapa de retos o situaciones difíciles, el sistema nervioso está muy desgastado por el exceso de estrés; en el cuerpo se crean muchas deficiencias que generan bajo desempeño y ciclos viciosos físicos, mentales y emocionales.

Imagina tu sistema nervioso como el cable que conecta a la televisión. Por dentro está todo lo necesario que conecta la luz a la TV y por fuera tú ves un recubrimiento de color negro, el cual en época de crisis se desgasta dejando como comúnmente se dice los "cables pelones". Esa capa es el complejo vitamínico llamado B12 y el estrés se lo come dejando los cables por fuera, así que en cualquier nueva situación de estrés la persona no se siente bien y es mucho más reactiva. Es muy importante que tu cerebro tenga los químicos necesarios para funcionar de la mejor manera.

Te propongo, agregar a tu dieta:

- 1 g. diario de omega 3.
- Complejo B.
- Vitamina C.

Algunos consejos nutricionales que te pueden servir en esta etapa son la reducción de:

- Azúcar al mínimo (incluyendo fruta, sólo consume éstas hasta las 11 a.m.)
- Harina blanca.
- Lácteos (esto ayuda a que tu estómago esté más limpio y sin fermentos).
- Consumo de carnes rojas.

Alimentarte sanamente ayudará a que tu estado de ánimo esté más activo. En estos momentos, el alcohol, el cigarro y las medicinas no son buenos compañeros, trata de reducir al máximo su consumo, debido a que su efecto te aleja de tus verdaderas capacidades.

El ejercicio es fundamental; tu cuerpo, como una máquina, tiene que estar en movimiento, eso es parte del cuidado de cada uno de sus músculos y partes que lo conforman. Te recomiendo al menos 30 minutos diarios de lo que tú quieras: yoga, correr, tenis, gimnasio o caminar. Al menos cuatro días a la semana. Si atraviesas una etapa de mucho estrés sería conveniente que lo integres en tu rutina diaria. Esto ayudará a que los ciclos viciosos en los que te encuentras se rompan, agregándoles momentos de vitalidad y energía.

Alguien que hace ejercicio todas las mañanas empieza el día con un logro ya en la bolsa y el día se hace más ágil.

Probablemente no vas a querer o te da flojera, ¡no importa! Dale espacio a esa sensación y obsérvala, pero haz lo que necesitas. Recuerda cuál es la intención de esto: ¡ejercitar el cuerpo! para que todas sus partes estén lo mejor posible, siendo un apoyo y no un obstáculo para lograr tus propósitos.

Crea una rutina con todos los elementos que consideres importantes para ti, y no lo pienses, sólo hazlo. La disciplina es fundamental pues te ayudará a recuperar la energía que necesitas. Con ese nuevo abasto podrás ver con claridad lo que sucede y llegarán a ti señales de estar mejor. Personas que estuvieron en lugares de riesgo, que naufragaron o se perdieron en la montaña, uno de sus factores que provocó que sobrevivieran fue la rutina, ya que hizo que estuvieran atados a un sistema que les permitió enfocarse y utilizar su poca energía para lo realmente necesario.

Recuerda que tu intención está clara hacia dónde quieres ir, las cosas que hagas rutinariamente en cuestión de alimentación, descanso, ejercicio, más lo que tú creas importante, te llevarán a lograr fácilmente lo que te propongas.

Al cuerpo hay que darle lo que por derecho le corresponde para que sea tu aliado y trabajarlo, pues para estar en forma necesita estar en movimiento. Es la manera de que lo apapaches. Por lo general creemos en ideas como: "No sirvo, mejor no hago nada... aunque estoy muy cansado, me voy de fiesta, pues unas copitas me relajan... mejor este fin de semana trabajo porque tengo que entregar estos reportes, ya descansaré cuando me muera... está muy buena esta película, no importa que tenga junta por la mañana..." Darte momentos para consentirlo significa hacer lo que necesita tu cuerpo hoy para estar sano y tranquilo.

Tú sabes lo que necesitas, empieza a practicar para estar en conexión contigo mismo, verás que no siempre ocupas lo mismo y si disfrutas lo que haces podrás observar cuándo es momento de terminar.

La próxima vez que te bañes, no utilices esponja para enjabonarte, sino con tu mano toma el jabón y acaricia todo tu cuerpo para que al limpiarlo le des un pequeño masaje, lo que servirá para conectarte contigo mismo y agradecer todo lo que hace por ti.

Por último, es muy significativo el descanso, muchos de los problemas de ansiedad, tristeza y estrés se dan por falta de sueño, así que es muy importante darte la pausa que necesitas, tú más que nadie conoces cómo es tu sueño y cuántas horas necesitas para despertar despejado.

PASOS PARA LIBERAR TENSIONES O DOLORES

Primero que nada tienes que estar presente para ti mismo en este proceso y ser esa guía que estás destinado a ser.

1. Reconoce lo que estás sintiendo. Escucha a tu cuerpo y date cuenta lo que expresa a través del dolor.
2. No lo juzgues. Recuerda que no es bueno ni malo, simplemente es.
3. Visualízalo. Encuentra dónde está la sensación físicamente en tu cuerpo. Con tus ojos cerrados observa de qué tamaño es, cuál es su color, si se parece a algo, etcétera, simplemente reconociéndolo.
4. Utiliza tu respiración para liberarlo. Enfoca tu atención en donde se localiza la tensión o el dolor para que se libere la sensación saludablemente. Cada vez que inhales llega hasta ahí llevando el oxigeno para la transmutación y al exhalar transforma, saca, elimina o neutraliza lo que ya no funciona para ti. Tú eres un simple observador y generador de espacio, tu sabiduría interna hará los cambios a su ritmo y espacio.
5. Observa cuál es su intención positiva, qué mensaje te quiere decir y agradécele.

NOTA: No hay que forzar nada, ni quieras realizar el proceso con tu mente, ríndete a tus sensaciones, dejando vivir el momento. Al terminar reincorpórate a tus actividades cotidianas.

RECUPERÁNDOME

"Esta noche que sea para ti... date
el mayor cariño que puedas",
Rosina

¿Cuándo fue la última vez que te sentiste descansado? Esto significa estar relajado, con energía, con la mente clara y con ganas de empezar un nuevo día. Esto es tratarte con cariño, mimos, amor, acompañarte a ti mismo y crear un espacio de armonía y tranquilidad.

Lo contrario es estar cansado, desconectado de tu SER, alejado de disfrutar la vida y de crecer saludablemente.

El cansancio ya es algo crónico en nuestra era y para muchas personas es cotidiano, sobreviviendo el día con mal sueño.

En el siguiente apartado te invito a que empieces a aplicar unas sencillas técnicas que te ayudarán a conectarte contigo y podrás experimentar lo que es dormir bien por las noches o descansar en momentos que lo requieras.

Cuando por situaciones de crisis cambia el ritmo del sueño, se crea una obsesión de estar pensando todo el día cómo te sientes, analizando y evaluando todas tus sensaciones; pues el sistema nervioso se ve afectado. La manía desaparece de tu vida en la medida que lo sueltas y descubres que relajarte es parte natural de tu diseño humano, pues el sueño es un mecanismo automático, que tú no tienes que hacer nada para dormir, simplemente soltarte a la experiencia.

Cada vez que entres en patrones de ansiedad por falta de sueño observa lo que realmente está pasando ahí y descubre que:

• Si no puedes dormir, descansa, relájate, cierra o deja tus ojos abiertos... Simplemente permite relajarte con tu mente.

- Si prendió la ansiedad, nada más observa…, déjala salir y dale espacio.
- Calidad en lugar de cantidad en el tiempo que descanses. Reposa varios minutos cada vez que lo necesites.
- Repite para ti mismo "aquí estoy, me cuido, me protejo".
- Enfócate en lo que sí puedes hacer, lo que sí hay a tu alrededor.
- No huyas de ti. Te das cuenta que estás ahí y descubrirás detalles que antes no conocías de tu persona.

La glándula pineal es la encargada de regular tu sueño, secreta melatonina que mantiene en equilibrio los sistemas del cuerpo. A partir de los siete años se empieza a descalcificar haciéndose más rígida, por eso la capacidad de dormir se afecta con la edad. Además de la falta de escuchar al cuerpo cuando está cansado, tener la luz encendida, dormir con la televisión prendida o ingerir medicamentos que desbalancean el equilibrio de relajación.

Todo esto sucede pues la mente anda a mil por hora, el cuerpo está cansado, las emociones están mezcladas. Al descansar se recupera la fuerza, la energía, se renuevan muchos procesos en el cuerpo y se acomoda emocionalmente todo lo vivido el día anterior.

Esta parte del libro es para personas que tengan insomnio o quieran tener un sueño reparador.

TÉCNICAS:

En busca de un sueño reparador

Ya por la noche y en un lugar cómodo, comienza a practicar alguno de estos:

EJERCICIO 1:

Empieza a experimentar lo siguiente:

Imagina ¿cómo es el sueño?..., ¿cómo se ve?..., ¿qué textura tiene?..., ¿cómo se siente?..., ¿a qué huele?..., ¿a quién conoces que duerme delicioso?..., Enlista en tu mente esas sensaciones...

Imagina que eres sueño... Siente tu respiración...

Ahora siente que eres descanso..., ¿dónde se percibe en ti el descanso?...

Vuelve a considerar tu respiración... Imagina que eres paz...

¿A qué te recuerda?..., ¿a qué huele?..., ¿qué ves?...

¿Cómo se siente tu cama y la ropa que traes puesta?...

Y ve respirando muy despacio... Observa todas las sensaciones que te provoca recordar el ser sueño, descanso, paz... Ponte a imitarlo y juega con éste... Muy despacio, cada vez más lento.

La idea es traer el mayor número de sensaciones sobre el dormir, enfocando tu energía hacia lo que sí quieres que pase. El universo trae lo que pedimos, así que sé sueño, descanso y paz.

EJERCICIO 2:

Cuando tienes muchos pensamientos que no te dejan descansar y tu cabeza se queda al ritmo de la vida diaria, es momento de enseñarle a tu mente una forma de reposar:

Imagina dos líneas o un tubo del ancho que quieras.

Es por donde va a pasar tu respiración. Concéntrate en sentir y observar muy detenidamente cómo pasa por ahí…

Después imagina que todas las ideas, pensamientos, etccétera, se quedan arriba y abajo de esas dos líneas o afuera del tubo y no entran al espacio donde está tu respiración…

Sigue concentrado en ésta y observa solamente cada inhalación y exhalación, da espacio detalladamente a cómo entra el aire y cómo sale… cómo entra y sale…

Puedes observar cómo esos pensamientos y ruidos se quedan fuera; les agradeces, pero sabes que eso no eres tú y que la solución no está en tu mente… sólo sigue sintiendo tu respiración…

No detengas nada: ni pensamientos ni emociones ni sensaciones; déjalos ser, que fluyan por arriba de las líneas o por afuera del tubo, concéntrate cada vez más en tu respiración…

EJERCICIO 3:

Si tu mente sigue pensando y por más que hagas no deja de darte opciones, entonces pareciera que tiene el control de ti, no te deja dormir. ¡Tranquilo! Aquí hay una técnica más poderosa que la anterior:

Ponte una almohada en los ojos o una sábana que no te permitan ver (que no esté apretado, algo cómodo que impida pasar la luz). Mantén los ojos abiertos y relájate, pues tu intención no es dormir sino relajarte en la oscuridad.

Concéntrate en tu respiración, obsérvala a detalle.

Cómo inhalas y exhalas. Mantén los ojos abiertos por 45 minutos, no te enfoques en cómo están tus ojos, sino en dejar pasar los pensamientos, permitiendo sentir tus emociones y concentrado en tu respiración.

ESTE EJERCICIO AYUDA MUCHO A LAS PERSONAS QUE TIENEN MIEDO A NO PODER DORMIR.

EJERCICIO 4:

Relaja tu cuerpo ya que muchas veces está tenso y con ganas de seguir con energía:

Concéntrate en tu respiración; en inhalar y exhalar tres veces muy despacio… Relaja cada parte de tu cuerpo desde la cabeza hasta los pies… parte por parte…, las que vayan llegando a tu mente y a cada una de éstas sonríele mientras la vas relajando… Muy despacio…, respiras en cada una de ellas tres veces, liberando lo que le estorba.

Después cuenta de manera regresiva del cien al uno, intercalando entre cada número una respiración muy lenta…, enseguida haz 20 respiraciones Greccas donde cuentes uno, dos, tres para inhalar; uno, dos, tres para guardar el aire y uno, dos, tres para exhalar…

EJERCICIO 5:

Con esta técnica jugarás a visualizar cómo duerme un bebé.

¿Te gustaría divertirte en vez de sufrir por dormir?

¿Has visto un bebé que ya está necio y se quiere dormir?, ¿cómo se pone?, ¿cuáles son sus ruidos y movimientos?

Ahora recréalo, modélalo al acostarte cuando te vayas a dormir, hazlo con lujo de detalle, imagina y sé creativo.

Respira, sé un bebé, siente la facilidad con la que se va soltando, durmiendo, relajando, en segundos ya está disfrutando y confiando en su descanso.

EJERCICIO 6:

Hay una oración que se llama Confía en mí. Muchas veces pasan cosas en la vida de las que no sabes el "porqué" y esa búsqueda angustia mucho. Hoy te pido que lo sueltes a seres más grandes y permitas la ayuda de la fuerza divina.

Esta oración trata de dejar al ser supremo las cosas con las que no puedes. Abandonar esa carga que te está quitando el aliento. Así que cuando ya no puedas con algo, intenta dejárselo todo a Él, todo eso que no entiendes y que se hace muy pesado. Ríndete. Deja de cargar. Ya no resistas. Hacer esta oración es poder soltar todo lo que estorba y darte la oportunidad de descansar, poder confiar en que hay una solución y dejar que el universo actúe:

"¿Por qué te confundes y agitas ante los problemasde la vida? Déjame al cuidado de todas tus cosas y todo te irá mejor. Cuando te entregues a mí, todo se resolverá con tranquilidad, según mis designios.

No te desesperes, no me dirijas una oración agitada, como si quisieras exigirme el cumplimiento de tus deseos. Cierra los ojos del alma y dime con calma YO CONFÍO EN TI.

Evita las preocupaciones angustiosas y los pensamientos sobre lo que puede suceder después.

No estropees mis planes queriéndome imponer tus ideas. Déjame ser y actuar con libertad. Entrégate confiadamente a mí. Reposa en mí y deja en mis manos tu futuro. Dime frecuentemente YO CONFÍO EN TI.

Lo que más daño te hace es tu razonamiento y tus propias ideas y querer resolver las cosas a tu manera.

Cuando me dices YO CONFÍO EN TI, no seas como el paciente que le dice al médico que lo cure, pero le sugiere el modo de hacerlo.

Déjate llevar con mis brazos divinos, no tengas miedo, yo te amo. Si crees que las cosas empeoran o se complican a pesar de tu oración, sigue confiando, cierra los ojos del alma y confía. Continúa diciéndome a toda hora YO CONFIO EN TI.

Necesito las manos libres para poder obrar. No me ates con tus preocupaciones, confía sólo en mí. Reposa en mí. Entrégate a mí.

Yo hago los milagros en la proporción de la entrega y confianza que tienes en mí.

Así que no te preocupes, echa en mí todas tus angustias y duerme tranquilo. Dime siempre YO CONFÍO EN TI. Y verás grandes milagros, TE LO PROMETO."

EJERCICIO 7:

Dar las gracias es algo muy importante y ayudar a los demás también.

Te propongo que en las noches al acostarte hagas un recuento de lo bueno que pasó en el día: desde el aire que respiraste, si ayudaste a alguien, si reíste, si pudiste terminar tu día de trabajo… todas las pequeñas o grandes cosas que salieron bien.

Empieza a darte crédito cada noche al descansar por lo que sí se logró y agradécelo a tu propia persona, disfrutando que hiciste bien las cosas. No importa si hubo algunas que no te gustaron de las que sí salieron bien, al dormir enfócate en agradecer. Dilo en forma positiva, no te enganches con lo que no ha sucedido aún, sólo es un recuento de lo que sí ocurrió.

En la medida que practiques este ejercicio podrás hacerlo con más credibilidad y amor hacia ti.

¡Date el mayor cariño que puedas!

7

La mente

*"El pensamiento es una fuerza vital
y viva, la más vital, sutil e irresistible
que existe en el universo"*,
Swami Sivananda

LA MENTE

Recapitulando lo anterior, tú ERES un SER y tienes varias herramientas que son las emociones, la mente y el cuerpo. Que te ayudarán a brindar tu expresión al mundo si las consideras como recursos para utilizarlas a tu favor. Lo que pasa es que la parte que ha gobernado tu vida hasta hoy es la mente, pero no tiene las facultades para hacerlo.

¿Te acuerdas de tu "auto increíble"? pues en este capítulo vas a aprender cómo utilizar tu computadora, tu internet para que puedas obtener excelente información, los mejores sistemas de navegación, saber cómo limpiarla, cuidarla, darle lo que necesita y sobre todo, que seas tú quien decida qué información tomas para tu mejor desempeño.

Las características principales de la mente son:

- Darte opciones sobre lo que le pidas.
- Protegerte.
- Identificar el hecho y la opinión.
- Cerrar ciclos.
- La creación a través de la imaginación.

Analicemos una a una:

TE DA OPCIONES

Por muchas décadas se ha puesto bajo un contexto religioso la conexión con el SER, inclinando toda la balanza a crear personas racionales. Las universidades y sociedad han exaltado la importancia de la lógica, además de buscar una explicación a todo, dado que la lógica da una sensación de control y seguridad.

La mente es un recurso muy bueno, pero te darás cuenta que a veces no funciona para solucionar lo que te pasa, ya que ninguna de tus herramientas funciona de manera independiente y se necesita la sincronización entre éstas para tener un equilibrio.

Querer resolver todo con la mente no sirve y menos cuando has pasado días completos pensando en lo que te agobia, pues gastas tu energía y te quedas sin fuerzas para utilizarla en lo que realmente vale la pena.

La mente y el cerebro son dos cosas diferentes. En la película *El camino del guerrero*, basada en vida de Dan Milliman, escuché que la mente es un mecanismo de reacción que llena tu cabeza de pensamientos e ideas al azar todo el tiempo. Es como la computadora que guarda archivos. En tanto que tu cerebro es un órgano que se encarga de regular y mantener las funciones del cuerpo, entre éstas, ser un filtro de información que trae los pensamientos desde tu mente.

La información está hecha del material que le has introducido a través de todas las experiencias de vida que tienes, la historia de toda tu familia, lo que lees, ves, escuchas, tus creencias, dudas, miedos y certezas, que dan como resultado los datos que emite. La mente es la casa a donde llegan los pensamientos y todos estos no son tuyos, son opciones nada más, forman parte de un banco universal al cual todos tenemos acceso. Dependiendo de tus experiencias y emociones, escoges un pensamiento u otro y por medio de ellos determinas la manera en cómo ves al mundo. Otras veces, estando junto a más personas lo que llega a tu mente es la información que hay en tu entorno, así que no eres lo que piensas, los pensamientos son simplemente opciones que llegan a ti.

Estos no son neutrales, siempre vendrán del espacio que generó una emoción en ti y los pensamientos a los que has dado energía son los que hoy rigen tu vida como verdades.

Todos son la representación de las historias que se crean con las opciones que se te presentan, generando muchas veces escenarios muy dolorosos que sólo te lastiman.

Tu mente trabaja mucho más rápido de lo que te alcanzas a dar cuenta, dice el doctor David R. Hawkins, en *El poder contra la fuerza*, que es como "la conciencia automática que escoge lo que estima mejor en cada momento"[11]. Éste es el banco de información del que platicábamos anteriormente.

Es como cuando trabajas la tierra; las semillas que siembras van a germinar dependiendo de la cantidad de agua, de la energía y de las condiciones que sean favorables para su crecimiento.

Así que lo que cosechas ahora en tu mente en algún momento se sembró y está dando frutos hoy, por el significado, tiempo y esfuerzo que le diste; pero eso no eres tú, solamente es información que está ahí para darte opciones.

Sin embargo, estas expectativas te llevan a un continuo pensar y se vuelve a veces muy desgastante, porque quieres que tu mente decida qué es lo mejor para ti, pero ella no tiene la facultad de resolver. El único que sabe lo que necesitas eres tú. Esta información que te da a veces no sirve para remediar lo que te acontece, sino muy por el contrario, gasta tu energía dejándo-

---

[11] Hawkins, David R. *El poder contra la fuerza*. Instituto para la Investigación Espiritual Avanzada. Sedona Arizona. 2002.

te sin actuar, solamente lleno de pensamientos y totalmente cansado.

Hasta el día de hoy has creído en las opciones que te ha ofrecido, decidiendo a través de tus juicios y creencias, convirtiéndolas en ley de vida.

Cada situación que pasa tiene una parte de realidad que son los hechos como tal y otra de cómo se interpretó, que son tus creencias u opiniones. Lo peligroso es que la programación que tienes en la mente la vives como tu gran verdad y no es cierto.

Entre más creas la idea que te duele o refuerza tu enojo, lo único que haces es engrandecer tu opinión y nublar tu vista.

Puede que digas "¡pues no sé cómo pararlo!, siempre lo he decidido todo con la mente" y está bien, recuerda que empiezas a mover nuevos músculos que te ayudarán a conectar con tu sabiduría interna. El simple hecho de darte cuenta que tus pensamientos no son tú y que las opciones simplemente son información, ya es un gran paso.

Por cada problema hay al menos seis soluciones diferentes, pero cuando acostumbras a tu mente a manejarse tan limitadamente, muchas veces sucede que ninguna de las iniciativas que te ofrece parece ser la solución. Cuando permites que, tú como SER, actúes, se crea el espacio automáticamente, dándo la oportunidad de decidir cuál es tu intención y abriendo más caminos de los que antes veías.

Sucede que por lo general estás tan ocupado por resolver las cosas que te suceden, lleno de opciones, que buscas en la mente, que te pueden llegar las soluciones necesarias y no darte cuenta que pasaron frente a ti. Dicen que Dios nos ama tanto que cuando estamos tan ocupados tratando de arreglar los problemas, Él nos da el espacio para que lo intentemos y solamente cuando dejamos de luchar y confiamos en un proyecto mayor de amor, abrimos la puerta para que entren las mejores soluciones.

Por otro lado, hay veces que la mente pareciera que te rebasa, que fuera tu enemiga, pues te da muchísimos pensamientos por segundo, que no te gustan, quitándote toda la energía y entre más la quieres parar, más se aferra a ti creando un diálogo interno muy desgastante.

Los pensamientos repetitivos son opciones que te da tu mente. Se vuelven obsesivos por la necesidad imperante que tienes de quitarlos, por la energía que les imprimes y por la búsqueda incesante de que te den una solución. Así que una forma de frenar tales situaciones es que cuando te lleguen dichos momentos utilizarás tu "palabra clave" para poner un alto. Deja de pelear con los pensamientos y lleva a cabo los pasos para sanar la emoción que hay ahí.

Es más rápido sanar una emoción que ir acomodando pensamiento por pensamiento. El sentimiento es el que hace que todos los pensamientos lleguen a ti.

La mente es una herramienta inquieta, dispersa y le gusta controlar.

Pero no es su habilidad tomar decisiones. Ahora, observa que tú eres el que le pide las opciones, quien decide a cuál pensamiento creerle o no. Muchos pensamientos te ayudan, así que tómalos, pero si te hacen dudar, sentirte mal o sufrir, eso no es verdad para ti. La cualidad del enfoque viene de ti, ya que al conectarte contigo mismo (tu sabiduría interna), sabes lo que se necesita; si alguno de estos pensamientos va contigo, no importa si es fácil o difícil de hacer, sabes que eso toca.

Tu verdad siempre estará en tu SER y en el presente, si dejas de darle energía a tu mente le inyectarás certeza a tu vida.

Cuando generes el espacio entre tú y tus pensamientos puede que lo sientas raro, no estás acostumbrado y está bien, déjate vivir esas sensaciones.

Déjame explicártelo de otra manera. Lee la siguiente frase:

Tu mente piensa, analiza, juzga
y tú como SER tienes la sabiduría en ti...

(Vuélvelo a leer)

Darte cuenta de que tienes en ti la sabiduría puede hacer que cambie tu forma de vivir. La mente puede empezar a ser tu aliada si dejas de darle tu energía, como ya lo habíamos mencionado; es decir, deja de querer persuadirla, pues eso no eres tú.

Estos pensamientos muchas veces te hacen dudar de ti mismo y te sientes mal por haberlos tenido, ya que a veces son horribles y te desconciertan. TODOS hemos tenido alguna vez o quizá muchas, pensamientos horribles, el punto es que tú puedas darles espacio a los tuyos y aprender a decir ESO NO SOY YO.

Éstos pensamientos suceden pues en tus experiencias no tienen nuevas opciones, sólo las mismas de siempre y como a la mente le gusta controlar (como lo veremos más adelante), te ofrece lo que tiene y espera que escojas alguna de sus iniciativas.

"Los pensamientos no dicen mas allá de ti que un lunar en tu nariz", mencionan también en la película *El camino del guerrero* y se refiere a que solamente hablan de archivos deficientes que tienes en tu computadora; cambia esa información y seguramente transformarás tu vida. ¿Cómo la puedes cambiar? Ponte a leer nuevas cosas, júntate con gente que vale la pena para ti, ríete, haz cosas diferentes. Dirige tu atención a crecer y no a criticar a los demás. Ten clara tu intención. Haz los ejercicios de este libro, reaprende a amar eso que eres, ayuda a los demás, haz el ejercicio de PRESENCIA, medita, etcétera; esto creará la posibilidad que te dé mejores alternativas.

Cada vez que tienes una duda o prendes una emoción, tu mente genera opciones de la información que posee y te las refleja, no importa que te gusten o no, simplemente las da y el diálogo interno que se genera en ti se crea por la energía que le otorgas a todos esos pensamientos, tales como cuando te enojas contigo mismo, cuando crees que una de las alternativas que te da es verdad y te lastima, cuando te gustan las opciones que te brinda, etcétera, pero quien siempre decide cuál opción seguir eres tú. Recuerda que invariablemente tomarás mejores decisiones cuando estás seguro de ti mismo.

Las alternativas que crea tu mente están hechas del material que posees en tu computadora, no tienen nada que ver con la situación actual, ni contigo, son simplemente diferentes formas de solucionar algo, pero a veces no ayuda a resolver la situación actual.

Por ejemplo, una chica en la escuela se siente segura de sí misma, pero cuando entra a la secundaria empieza a engordar un poco, esto hace que se angustie. Entonces se pregunta "¿me estaré poniendo gorda?, ¿seré gorda?". Como no tiene certeza se desespera, crece su miedo, busca opciones y empieza a crear un problema de sobrepeso, solamente por dudas que no se contestó y por buscar la respuesta afuera de ella, por supuesto sin buenos resultados.

Cuando no estás enfocado ni seguro de ti mismo, la cantidad de opciones de tu mente hace que titubees. Es muy importante que todas las dudas que tienes las contestes desde ti con algo que más adelante llamaremos "preguntas mágicas" o déjalas pasar. A medida que entres en este laberinto de interrogaciones se crearán escenarios irreales, pero los vives tan reales que crees son verdad, dejándote sin energía o tal vez formas nudos dentro de ti que pueden durar años. La falta de certeza hace que la persona se desintegre y debilite perdiendo su fuerza y poder personal.

Si tú solo no puedes encontrar tu verdad en estas dudas, pide ayuda o entrégaselo a un SER supremo y que Éste te guíe a encontrar el aprendizaje que hay ahí para ti, ya que todos los secretos, dudas y cosas escondidas hacen que tu mente fantasee.

Lo que tienes que hacer es recordar que tu mente no es quien tiene la solución, así que no hagas suposiciones. Si hay alguna duda ¡pregunta!, si traes una emoción y mil pensamientos ¡sánalos!, si crees algo ¡averígualo!... siempre intenta llegar a la verdad en tu corazón. Los misterios tienen a tu mente ocupada creando diferentes escenarios y posibilidades, pero te alejan del presente, te desenfocan de lo que tú necesitas. La verdad en ti ES, no se desvanece, ¡descúbrela!

TE PROTEGE

Cuando suceden eventos que cambian tu vida pareciera que ésta se frena. Lo que antes hacías ya no funciona de la misma manera, la energía no fluye igual y puede suceder que reaccionas por cosas que antes no hacías.

Lo que pasa es que tu mente siempre te quiere proteger del dolor y prevenirte de sufrir, así que todo lo que pasó en algún incidente lo graba como peligroso o dañino para ti, quedando energía atorada en esos recuerdos que crees ya los superaste y que lógicamente puede ser cierto, pero no lo sientes de esa manera.

Todo lo que viviste en algún momento como difícil, peligroso, doloroso, tu mente lo guarda así en sus archivos y cada vez que vives algo parecido te recuerda que se parece, pero no significa que así sea. Por lo que de repente pueden llegarte recuerdos, olores, emociones y sensaciones, provocando reacciones y pensamientos que antes no tenías, que vienen de esos archivos. Los que son más arraigados en ti son los primeros que guardaste, no tienen lógica pero son verdad para ti.

La mente quiere controlar para protegerte, por eso todo lo codifica y guarda de manera simple, junta lo que es parecido, así que cada vez que te sucede algo va a buscar en los archivos a qué se parece. Es su forma de ayudarte, de protegerte pero no significa que sea verdad.

Por ejemplo, cuando yo era niña tenía asma y alergias, viví enferma y muchas veces me ponía muy mal, al grado de hospitalizarme. Así que cuando fui creciendo, cualquier falta de aire por una gripa o porque me ponía nerviosa, me detonaba una crisis de asma y quería salir corriendo desesperada o hacer algo porque yo pensaba que mi vida estaba en peligro. Creer esto me dejaba con poca energía y muy confundida.

Tu mente guarda todo en tiempo presente, así que cualquier recuerdo con energía atrapada lo vives como si estuviera sucediendo en el momento. Veamos, piensa en un momento difícil, al recordar llegan las sensaciones que están ahí y que todavía no se han acomodado y a su vez si piensas en un momento feliz y alegre te llenarás de la misma manera.

Tu mente no es una cárcel, simplemente observa cómo funciona y aprende a conocerla.

NOTA: Cuando tu mente no es tu aliada te la pasas peleando con ella, no te ayuda y la situación hace que te sientas muy triste y enojado contigo mismo. Así que muchas veces tienes ganas de lastimarte, regañarte o flagelarte, por no SER eso que ERES. Y esto es energía contenida que no te deja conectar con el amor ni con elpoder personal.

Lo que necesitas es sacar la energía del papá castigador.

Hoy te doy permiso que te castigues, pero saludablemente. Es normal y a todos nos pasa que nos saboteamos regañándonos, por lo tanto, si quieres pagar tu deuda harás algo que duela pero de una manera productiva para ti o para alguien más, como lo hiciste en el apartado de la culpa.

Un caso podría ser el siguiente, si algo hace que me obsesione con pensamiento y me hace sentir culpable, entonces hago un acuerdo conmigo: cada vez que me vea analizando y gastando toda mi energía, en lugar de castigarme con más reclamos, culpa y rechazo, mejor decido hacer algo que me cueste trabajo como 250 sentadillas o abdominales, le doy un masaje a mi cónyuge, voy a ese evento que no me gusta, lavo trastes, saco la basura o cada vez que me vea así donaré 1000 pesos a una causa noble. En ese acuerdo crea consecuencias fuertes, algo que duela pero que sirva y que pueda ser divertido, quitando la culpa y los ciclos viciosos, mientras encuentras la verdad en ti.

EJERCICIO:

De lo que te molesta de la mente crea un acuerdo contigo:

_____

Ahora escribe tu consecuencia:

_____

¡Ésta es tu área de oportunidad; a trabajar!
Posición de recibir lo mismo.

HECHO Y OPINIÓN

En cualquier situación hay dos partes: el hecho y la opinión.

Por ejemplo, cuando hablas de algo o de alguien, por lo general das tu punto de vista y pocas veces se percibe la verdad o los hechos en eso.

La mayoría de las cosas en la vida tiene dualidad de bueno o malo; noche o día, blanco o negro; niño o niña, etcétera. Y esto es bueno pues nos ayuda a diferenciar y saber cuándo estamos de un lado o del otro, pero a su vez genera lados y opuestos. Opinar es dar un juicio de valor desde tus creencias que puede o no ser verdad, viene de percibir la programación que tienes en la mente como tus pensamientos y reacciones, es la ilusión que posees de las cosas.

Los hechos serían como tomar una foto en la que puedes observar lo que sucedió, apreciar y cuantificar los detalles del evento y describirlos sin juzgar; es percibir verificando su existencia, poder salir de la forma original en la que percibimos las cosas y verlas desde un punto objetivo sin emoción.

Por ejemplo, hoy llueve y tu opinión puede ser "¡qué horror!, ¡no me gusta!". Percibir la realidad es apreciarlo todo, observar el olor que te da, lo que ves, lo que escuchas, dejar sentir las emociones, la posición de tu cuerpo, la temperatura, las sensaciones de ese momento, pero sin juicio de valor, simplemente percibiendo la situación como tal. Ejercitar esta habilidad te devuelve tu poder y la capacidad de vivir el presente, dándote la posibilidad de dejar de ser pensamientos y emoción para convertirte en conciencia.

EJERCICIO:

Busca cinco cosas a tu alrededor y marca la diferencia entre el hecho y la opinión.

CERRAR CICLOS

En el día a día haces muchas cosas: te despiertas, te arreglas para ir a laborar, vas al trabajo, comes y te vas a dormir. Al día siguiente empezarás con la misma rutina, aunado a las situaciones difíciles por las que atraviesas.

¿Te ha pasado que la vida se hace monótona y pareciera que siempre haces lo mismo? Lo que pasa es que no estás cerrando ciclos, cada momento es nuevo y cuando no lo ves así, creas un gran periodo sin cierre, que trae monotonía, aburrimiento y estrés.

Cada momento de la vida es uno nuevo. Para la mente es muy importante saber cómo se empieza y cómo se cierra, pues regula tu energía y la enfoca. Por ejemplo, cuando te levantas por la mañana es necesario saber qué necesitas para ti en ese momento y te lo des con el ejercicio, un buen desayuno, sentir el agua del baño, o cosas como éstas, a sabiendas de que al terminar ya se acabó, así que mentalmente cerrarás el ciclo con un ritual que te haga saber que sigue otro. En el trabajo cuestiónate lo que se necesita de ti ahí, concentrándote y enfocado en darlo todo a ese momento y al terminar tu horario de labores date cuenta que ya se acabó o genera un acto simbólico que lleve a tu cerebro a saber que esa tarea terminó.

Si tu siguiente actividad es ir a comer, será importante que dediques todos tus sentidos a disfrutar y saborear sin contestar el teléfono ni trabajar.

Cada hora del día está hecha para diferentes cosas, por lo tanto vive el momento como toca, sin mezclar actividades porque esto sólo te aleja de ti, del presente que es lo único que tienes y crea enormes ciclos abiertos que hacen que tu vida se convierta en rutina.

Puedes crear rituales que te recuerden que es momento de cerrar y empezar una nueva actividad. Por decir, al levantarte realiza una pequeña oración de agradecimiento a la vida, al terminar de arreglarte puedes decir una frase que te dé energía o te ponga en contacto contigo mismo para cerrar ese ciclo.

Al llegar al trabajo concéntrate en cuál es tu intención de ese día ahí y cómo vas a dar lo mejor de ti y al finalizar tu jornada laboral crea otro ritual como quitarte la corbata, que todo tú sepas que ya terminó ese día.

Si creas formas de empezar y cerrar ciclos, tu vida será más fácil teniendo más energía para cada situación que vives en el día y te podrás enfocar mucho mejor en cada área de tu vida porque empiezas y cierras.

EJERCICIO:

En algún momento de tu día crea un ritual que te ayude a terminar o a iniciar una nueva etapa, sé creativo y divertido.

LA CREACIÓN A TRAVÉS DE LA IMAGINACIÓN

Los pensamientos son la principal forma de creación y la manera en que los juzgas determina su impacto sobre tu vida. Les das el título de buenos y malos, me gustan o no, pero no significan nada, pues detrás de ellos está lo que es verdadero para ti.

Todo lo que existe ha sido creado por un pensamiento, como las enfermedades, los autos, los muebles, la ropa. Incluso en este momento tu realidad la creó tu mente porque le has dado ese poder; el reto sería qué tan dispuesto estás a crear y creer una nueva realidad, pues tus resultados nunca serán mayores a lo que crees que puede suceder, porque hacia donde va tu mente se mueve tu energía.

Cuando platico con las personas me doy cuenta de que para mantener su posición de "¡no se puede!" se aferran a cosas que pasaron anteriormente y se creen sus propios acuerdos, que por lo general no los llevan a lo que ellos necesitan, además de no ver la intención que hay detrás de la situación.

La mente recrea la realidad de tu día a día como un constructor usa ladrillos para construir una casa. Dependiendo del proyecto, que es la intención, utiliza los recursos que tiene y crea algo. Si a ti y a mí nos pusieran a construir una casa con la información que tenemos en la mente y las opciones que nos da, valoraríamos lo más conveniente de una manera diferente. En esos ladrillos estarían nuestras certezas, miedos, creencias y se formaría una realidad que antes no existía. Al ver la creación de cada uno podríamos observar que son completamente diferentes, pues cada uno decidimos levantar lo propio a partir de las opciones que nos dio la mente.

Así que los dos casos serían correctos, pues para cada uno fue la mejor forma de edificar la casa, pero lo más importante es que tenemos diariamente la posibilidad de cimentar lo que queramos; el punto es que te des cuenta que tú siempre serás el constructor y de ti depende lo que vayas a fabricar con los elementos que te da la vida.

Necesitas crear tus sueños en realidad, utilizar tu mente como tu aliada e imaginar lo que sí quieres que pase más allá de tus expectativas, juega y siéntete grande, busca cómo sería experimentar a niveles altos.

PASOS PARA LA PAZ MENTAL

Primero que nada tienes que estar presente para ti mismo en este proceso y ser para ti esa guía que estás destinado a ser.

1. Di en voz alta tu "palabra clave", esto para que haya un alto al proceso habitual mental.

2. Reconoce que estás saturado de pensamientos. Date cuenta que tienes la mente llena de opciones, dudando o imaginando cosas que gastan toda tu energía. No los juzgues. No los frenes, no les des energía, no te enganches y recuerda que en nada de eso está tu verdad.

3. Reconoce la emoción que los alimenta y sánala.

NOTA: No hay que forzar nada, ni quieras que la mente realice el proceso, ríndete a tus sensaciones y sentimientos, dejándote vivir el momento. Al terminar reincorpórate a tus actividades cotidianas.

RECORDANDO...

Ser	Mente
Infinito	Finita
Sabe	Piensa, analiza y juzga
Enfocado	Difusa
Sabiduría interna/Intuición	Cúmulo de Conocimientos

AYUDANDO A LA MENTE

A continuación encontrarás más formas para ayudar, integrar, entender y retomar tu poder con la mente:

Metáfora: El hoyo negro

Un hoyo negro se crea cuando una estrella empieza a perder fuerza y energía en su interior, llevándola al colapso. Se va acelerando rápidamente y la superficie de la estrella se mueve cada vez más rápido hasta que al final se desliza por una fisura que ella misma ha creado, generando un hoyo negro.

Si lo ves como una metáfora, imagina algún colapso en tu vida, donde no se pudo liberar toda la energía y hubo una disminución de fuerza.

Se crean hoyos negros cuando todo se movió dentro de ti, dejando cosas sin acomodar. Eso que quedó fuera de su lugar forma una masa que antes no había, que impide tu funcionamiento normal. Cada vez que te encuentras comiendo obsesivamente, bebiendo sin control, autoagrediéndote, con ataques de pánico, etcétera, estás en un hoyo negro.

Cuando estás dentro de uno, el propio hoyo jala toda tu energía provocando el alejamiento de ti mismo. También crea nuevas maneras de percibir la realidad de forma destructiva, que si dejas que crezcan te separan de tu propia verdad e intuición.

Como ese evento duele tanto y no supiste cómo aclarar contigo se empieza a crear un nuevo mundo donde tu energía cambia, generando autodestrucción, duda, miedo y culpa.

La diferencia de los hoyos negros del universo y los personales radica en que estos últimos se pueden arreglar de diversas maneras. ¿Recuerdas "lo que resiste, persiste"?, es decir, que cuando te empeñas en pelear, luchar o tapar para tratar de arreglar la situación, lo único que logras es que el problema continúe.

Egoísmo, miedo y soberbia son el motor que gobierna estos hoyos negros, pues lo que pasó o crees que te hicieron se salió de lo que esperabas de ti mismo o de los demás, haciendo que tu autoestima baje.

Cuando por mucho tiempo no te has podido salir de un hoyo negro y has tratado de muchas maneras de hacerlo, puede ser que incluso te llegues a convencer que salir ya no es para ti, que no lo quieres o no lo mereces.

Si reconoces que vives en en un hoyo negro, el primer paso es aceptar que existe y el segundo es no resistirlo, obsérvalo como si fueras un espectador sin acción. Después pregúntate: "mientras estaba ahí ¿qué aprendí en ese momento?". Ríndete, las cosas, no suceden al azar y genera acciones diarias que te lleven a poner en práctica la lección que has aprendido.

Puede que te cueste trabajo emprender estas acciones diarias, pues la costumbre te llevará a seguir los patrones de siempre, así que no te desesperes y empieza a practicar habitualmente.

A mí me pasó cientos de veces que volvía a caer en los mismos errores. Cada vez que me hundía, un gran maestro me decía ¡felicidades! La caída es la única oportunidad que tenemos de aprender. Me asustaba estar en el hoyo negro (con pensamientos negativos sobre mí). En las noches al acostarme pensaba "y si no duermo... ¿te acuerdas de aquel día en que no dormiste?" y entraba otra vez a mi hoyo negro, que lo hacía más grande y potente aunado a que con cada pensamiento iba renunciando y diciéndome a mí misma NO PUEDO.

Los pensamientos negativos van a llegar con toda su fuerza, las memorias que no te gustan y todo lo que te recuerda lo malo que te sucedió. Cuando uno no está en su centro desde la luz, no tiene la fortaleza para actuar y cuando no estás descansado, tu cuerpo no está para darte el servicio que requieres.

Para salir de estos ciclos viciosos es necesario festejar cada pequeño logro que tengas, ya que literalmente se sale paso a pasito y no luchando. Así recuperarás tu energía y le quitarás fuerza sobre ti mismo, pues ya no hay quien lo alimente. Así que hoy agradece su presencia porque es tu maestro, encuentra las enseñanzas que hay en esto y sigue dando espacio a lo que ERES.

También es cierto que todo lo malo trae algo bueno, analiza lo positivo que te haya orillado a hacer el hoyo negro en que caíste, los nuevos retos que hayas conquistado.

Si sientes que no puedes hacerlo solo, pide ayuda a algún psicoterapeuta o escríbenos y con gusto te apoyaremos.

EJERCICIO:

Responde a las siguientes preguntas:

- ¿Hay algún hoyo negro en tu vida? Descríbelo.
- ¿Qué habilidades has desarrollado durante el proceso?
- ¿Qué te puedes agradecer a ti mismo?
- ¿Qué le puedes agradecer a ese hoyo negro?
- ¿Qué acción vas a generar para ya no caer ahí?

Realiza los pasos para liberar emociones.

PREGUNTAS MÁGICAS

Imagina que un día compraste una taza y crees que para ser feliz tiene que estar muy llena con lo que entiendes que ERES, con lo que tienes, o con lo que lograste, pero también en esa taza guardas lo que ha salido mal, las veces que te han engañado, ofendido, lastimado y esta combinación no te hace sentir ligero, cosa que te agobia, entonces la pasas pensando, vives en tu mente todo el día y mantienes esa taza siempre rebosante.

Y un día te das cuenta que puedes meter cosas positivas que te ayuden a cambiar, nuevos recursos y mecanismos de solución, pero por más que intentas introducirlos en tu taza se derraman, pues está muy llena. Entonces te desesperas, empiezas a creer que realmente ya lo has hecho todo y que no se puede, pensando cosas como "es que ya fui a muchos cursos, ahora qué me van a decir…"; "sí eso ya lo sé…"; "esto no sirve…"; "yo soy así…", generando una guerra contigo mismo sin final y tristemente rindiéndote porque crees que no puedes. Pero lo único que no has hecho es aprender a vaciar la taza haciendo cuestionamientos mejores para tener mejores respuestas.

¿Recuerdas que preguntarte "por qué" no sirve para nada, que solamente crea dudas de ti mismo y te aleja de la verdadera solución? Hacer las interrogaciones apropiadas te lleva a realizar acciones concretas para trabajar en tu beneficio, también a tener mayor contacto contigo mismo y recuperar tu poder personal.

A continuación te explico unas preguntas que puedes hacer en cualquier situación que necesites, ya sea para clarificar tus pensamientos, cerrar ciclos o tomar decisiones:

- **¿Qué pasó?**

Explica la situación con los hechos; recuerda que por lo general das tu opinión sobre las cosas que te pasan y pocas veces los explicas como tal.

Entonces esta respuesta cuantifica lo que sucedió: nómbralo, descríbelo, di lo que percibes ahí y también escribe tu opinión del mismo de una manera explícita y total.

Simplemente es darte cuenta de lo que hay en ambas partes, recuerda que no es bueno ni malo, sólo es observar.

- **¿Qué emoción hay en ti?**

Observa cuál emoción encuentras en ti, dedica unos momentos a respirarla y sentirla para que se acomode en su lugar. Cuando reconoces los sentimientos que te invaden, le das claridad a tu mente y aunque no sea agradable, te sientes escuchado por ti mismo.

- **¿Esto que está pasando es mío?**

Verifica si lo que pasó es tuyo o de alguien más (las siguientes preguntas te pueden ayudar a clarificar):

- ¿La situación es tuya o de alguien más?
- ¿A quién te pareces al actuar así?
- ¿Está en ti la solución?

Si es de alguien más, suéltalo, no es tuyo y por más que lo quieras arreglar no te corresponde. En ocasiones tomamos batallas o banderas que no son nuestras sino de alguien a quien queremos ayudar, respetar o ser como él o ella. Por ejemplo, ves a tu mamá llorar porque tuvo un problema muy fuerte con tu papá o tiene una deuda de dinero. Por más que quieras solucionarlo no es tuyo el problema. Otro ejemplo podría ser que tal vez tienes tu pareja; llevan una excelente relación, pero no puedes evitar que cuando sale por las noches sientas ansiedad o celos y, aunque es un asunto que no tiene que ver con tu realidad, lo vives como tuyo y todo esto porque traes patrones de comportamiento que son de alguien más.

Querer tomar como tuyo un problema de otros te aleja de la verdadera forma de ayudarles, porque no estás viviendo lo que te corresponde y tu única posibilidad de apoyar a los demás y a ti es desde tu realidad, responsabilidad y lugar.

- **¿Qué prefieres: ser feliz o tener la razón?**

Ya hablamos de esta pregunta en el apartado de la Intención, las personas prefieren tener y mantener la razón de su sufrimiento que ser felices. Cualquiera de estas opciones está bien, sólo hay que ser responsable del camino que se optó por tomar. Si decides tener la razón no culpes a los demás pues tú quieres vivir así, es tu decisión, sé responsable de ésta.

Pregunta qué buscas en lo que está pasando: ¿quieres de verdad que se resuelva? Entonces es momento de soltar todo el egoísmo, la búsqueda de lucha y tu cara de justicia diciendo "yo tengo la razón, la vida es injusta conmigo". Suelta todos esos juicios de valor que hacen tu humildad débil y muy fuerte a la soberbia de tener la razón. ¿Cómo se sueltan? Dejando de dar energía, reconociéndolos y permitiéndote sentir.

Cuando decides ser feliz existe un riesgo de perder lo que haya en ese momento y también una ganancia de lo que sí está destinado para que llegue a ti. Suelta hoy el orgullo y ejercita la capacidad de observar, creando espacio a todo lo que hay en este momento y ¿qué si quieres que se logre? Cuando buscas ser feliz, tu taza se vacía, realmente la creatividad llega a tu mente para desarrollar nuevas opciones de unión y de apertura y nuevos aprendizajes para ti que te fortalecerán de una manera que no te lo imaginas.

Si realmente has decidido ser feliz, encuentra mayor claridad con los siguientes cuestionamientos.

• Si el amor resolviera esto, ¿cómo lo solucionaría?

Imagina que el amor fuera una persona... ¿cómo lo resolvería?, ¿qué decisiones sabias tomaría? o ¿de qué forma actuaría? Ésta es una pregunta que Neale Walsch, novelista estadounidense, hace en su libro *Lo único que importa*, y si tú la respondes tendrás la respuesta que te llevará a tu verdad, aunque a veces no le guste a "la otra parte".

• ¿Qué estaba yo aprendiendo con esto?

Tenemos que aprender a ver nuestra vida y a tratarnos con cariño en vez de lastimarnos con cosas del pasado. Para poder cerrar ciclos tienes que llevarte un aprendizaje, así que cada vez que te encuentres cuestionándote "¿qué pensaba yo en ese momento?, ¿soy un tonto?, ¿por qué no me fijé antes?", etcétera, respira profundo y cariñosamente cámbialo por "¿qué aprendí en ese momento?". Sé honesto contigo ya que en todas las circunstancias que se presentan hay áreas que se fortalecen.

• ¿Qué cambio voy a hacer para la próxima vez?

Es importante llevar a la acción lo que aprendiste con pequeños ajustes en tu vida diaria. Son tareas, cambios con disciplina que te llevarán a nuevos resultados. No tienen que ser grandes, pueden ser sencillos, pero que hagan la diferencia. Date cuenta que no hay que cambiar todo, experimenta lo que crees que puede funcionar para ti, mide todos tus cambios y haz ajustes cada vez que lo necesites.

Entendiendo lo anterior ¡ahora genera una acción!

- **Si no estuviera esta situación en tu vida,
¿qué estarías haciendo hoy?**

Enfoca tu energía a esas cosas que sí quieres que pasen y sucedan. Pon tu intención ahí, crea el espacio, dirige tus pensamientos y tu energía. Imagina cómo sería vivir así, con todo detalle todas las veces que puedas.

Lo que ERES se expande cuando crees en las posibilidades que hay en ti y pones en acción lo que sabes que vale la pena.

- **¿Qué sí hay en tu vida que puedas agradecer?**

Es muy importante reconocer todos los días lo que sí tienes en tu vida, lo que sí lograste hacer hoy, para qué fuiste bueno, qué recibiste y agradecerlo. Recuerda que estás fortaleciendo el músculo de merecer lo bueno que llega a ti y si hay algo es porque tú lo sembraste como una semilla y ahora lo cosechas.

Practicar merecer las cosas es un proceso y lleva tiempo, depende de qué tanto crees que eso es para ti, pero si lo haces día a día te sorprenderá cómo tu banco de amor se empieza a llenar.

Entonces recordemos las preguntas mágicas:

- ¿Qué pasó?
- ¿Qué emoción hay ahí?
- Esto que está pasando ¿es mío?
- ¿Qué prefieres: ser feliz o tener la razón?
- ¿Si el amor resolviera esto: cómo lo solucionaría?
- ¿Qué estaba yo aprendiendo?
- ¿Qué cambios vas a hacer para la próxima vez?
- Si no estuviera esta situación en tu vida, ¿qué estarías haciendo hoy?
- ¿Qué sí hay en tu vida que puedas agradecer?

FRASES DE PODER

Desde el principio de los tiempos utilizamos sonidos y vocablos que después se convirtieron en palabras para poder expresar lo que queremos decir. Con palabras damos un significado a todo lo que vemos, oímos o sentimos. Pero si te pones a pensar, las palabras que ahora usas para comunicarte realmente no alcanzan a integrar los conceptos que realmente sientes o vives. Así que nos expresamos a medias, verbalizamos un significado incompleto de lo que realmente sentimos.

Esas palabras, nos guste o no, terminan guardando significados muy extensos y crean realidades basadas en lo que te dices a ti mismo diariamente, pues en el momento que lo verbalizas la experiencia que vives o viviste se transforma en eso.

En la medida que lo repitas muchas veces con ese significado se va haciendo algo muy poderoso que lo crees como tu verdad, convirtiéndolas en frases de poder.

Una frase de poder es un postulado, algo que dices o piensas que es una creencia, un precepto que te da una guía de cómo actuar en un momento determinado. Por ejemplo: "¡Yo no puedo con esto! ¡Ya estoy harto! ¡No sirvo para nada! ¡Ya entendí!".

Estos significados se crean de la experiencia de un evento pasado, ya sea alegre o doloroso, que hizo que la mente hiciera un análisis y un veredicto con todas las percepciones que creyó en ese momento eran seguras para ti.

Este decreto te lleva a la creación de una nueva realidad, un nuevo significado para las palabras, no importa si es verdad o no, si funciona o no, la mente necesita determinar qué pasó ahí y poder llegar a controlar la situación, pues su intención es protegerte. Estas ideas se activan dentro de ti y no se ponen en duda porque ya funcionaron en algún momento, limitándote en muchas ocasiones ya que la lógica no entra aquí, simplemente se activan y punto.

El problema es que muchas veces no te das cuenta de estas frases de poder dado que se quedan en el subconsciente y sólo actúas hacia ellas reaccionando.

Recuerda que como todo lo que ofrece la mente, los decretos son opciones y tú tienes la capacidad de decidir si quieres seguirlos o no. Para lograrlo primero debes conocerlos. Si quieres descubrirlos, piensa cada vez que te ves al espejo ¿qué te dices? o cuando algo no sale bien, ¿qué comentarios te haces a ti mismo? Ésas son las frases que tienen poder sobre ti y que mueven la forma en la que te expresas.

¿Has visto a personas en la iglesia rezando, pero al salir no logran lo que necesitan? Lo que sucede es que rezan, oran, como si alguien de fuera decidiera sobre sus actos y felicidad, pero no se dan cuenta que la responsabilidad y acción está en ellos; además de que muchas veces no creen que eso que buscan lo merezcan.

Las frases de poder para que funcionen tienes que sentirlas tuyas, imaginar cómo lo vivirías, como dice Geshe Michael Roach, creador del movimiento budista en occidente, "la potencia de cualquier acción es lo que la persona está pensando en lo profundo de su corazón"[12] . Por eso hay mucha gente que tú observas luchar sin lograr lo que se propone, porque en el fondo no cree que eso es para ellos.

Al crear frases de poder funcionales es necesario que no las digas como merolico sino que al pronunciarlas las sientas, las hagas parte tuya y creas en ellas imaginando que vives en esa realidad.

Esto no es algo nuevo para ti, pues de esta manera has construido tu realidad actual aunque no te des cuenta de ello.

---

[12] Roach, Michael. *Dirección karmica*, Ed. Semilla. Guadalajara. 2012.

¿Qué te parece si ahora le pones técnica para que las frases de poder funcionen a tu favor? Dice Saint Germain: "Cuando tú decretas algo constructivo, es Dios el que te está impulsando a actuar"[13].

Crea tu frase de poder:

_____

_____

_____

El día de hoy observa y revisa todas las cosas que te dices a ti mismo, te sugiero que las apuntes en una libreta. Al final del día verifica cuáles son positivas y te ayudan a crecer al igual que aquéllas que no. Si en un día no las anotaste todas no importa, sigue observando, dales espacio. Haz esta tarea por varios días y te sorprenderás.

Cada pensamiento negativo inúndalo de reflexiones positivas o lo opuesto. Por ejemplo, cuando te escuches diciendo "no puedo" di tu "palabra clave", respira, date cuenta y crea al menos dos frases positivas como "¡Sí puedo!, ¡me lo merezco!". Dilo en voz alta, escúchate y siéntelo. El universo funciona abriendo caminos, percibe y recibe tus vibraciones; las palabras por sí solas no funcionan, lo que actúa es tu sentir y qué tanto crees que te lo mereces.

Te haré unas preguntas para que tu mente se mueva un poquito. Piensa en algo que quieras lograr... ¿cómo quisieras vivirlo...? Obsérvate, ¿qué quieres que sí pase..., qué es lo que te impide lograrlo...? Eso que impide es un postulado que frena tus verdaderas intenciones, lo has creído tanto tiempo que lo das por cierto sin revisarlo.

---

[13] Germain, Saint. *El libro de oro*. Ed. Editores Mexicanos Unidos. India. 2011.

Escríbelo. Compra tarjetitas que las puedas pegar donde las veas diario y anota las frases de poder que vayas creando; cada mañana al arreglarte frente al espejo, dilas en voz fuerte. Todos los días las veces que lo necesites.

Ahora, para crear una frase de eso que quieres que suceda o funcione de diferente manera, sigue los siguientes pasos:

- Escríbelo en PRIMERA PERSONA, esto quiere decir que es desde ti mismo y es para ti. Que sea como: "yo vivo en…", "recibo el amor…", "la abundancia es para mí…".

- La frase tienes que crearla con palabras en POSITIVO; por lo general dices "ya no quiero tener miedo", "ya no quiero eso". Ahora es momento de buscar lo que sí quieres que pase en tu vida como "yo vivo en paz", "yo disfruto el momento", "yo sano mis heridas".

- Es muy importante que lo escribas en TIEMPO PRESENTE como si ya fuera una realidad, imagina que eso ya es: "yo creo en mí", "yo como saludablemente", "yo vivo hoy con tranquilidad".

- SÉ ESPECÍFICO. No pongas frases muy subjetivas y largas, entre más concreto seas mejor funcionará. Si quieres ser feliz o vivir en paz sé claro de dónde y en qué momento; por ejemplo, "yo vivo feliz cuando estoy solo", "soy una persona delgada", "yo me comunico con mi hijo a la hora de comer", etcétera. Hay que aterrizar la frase en acciones que lleven a su creación.

- Las PALABRAS que escojas para tu frase es importante que sean tuyas, QUE TE HAGAN VIBRAR. Muchas veces escuchas frases que te gustan pues te hacen sentir, ésas son las indicadas para ti; las que te llegan al corazón.

- ACTUAR COMO SI YA FUERA UNA REALIDAD. Ya sabes que si lo crees lo creas. Imita lo que quieres lograr, siéntelo con todo tu ser pues es la clave del resultado. Las frases se hacen realidad con intención, emoción, creándolas, imaginándolas y creyendo en ellas. Imagina cada momento cuando hayas experimentado cómo huelen, cómo se sienten, cómo se ven, cómo estás tú, dónde estás.
- ESTOY PREPARADO PARA RECIBIR. Eres responsable y te lo mereces. Si recuerdas, al principio del libro hablamos de esto. En las frases de poder es muy importante sentir que te lo mereces y que te das la oportunidad de recibir algún regalo. Si te saboteas no pasa nada y a la larga terminarás sintiendo el poder de estas frases.
- DI LA FRASE EN VOZ ALTA Y SIÉNTELA. Decir La frase miles de veces no es necesario, es mejor decirla pocas veces al día. Cuando tu mente te escucha se da cuenta de que algo esta, sucediendo diferente y hace nuevos acuerdos. Lo más importante es sentirla. La emoción que está detrás de tu frase es lo que hace la magia de la creación.

NOTA: Si al decirla hay emociones en ti, déjalas fluir y utiliza los pasos para liberar emociones.

¡Ponte a hacerla! Y sobre todo ¡practica!

8

Fórmula ALIADA

"No hay ninguna fórmula o método. Se aprende
a amar por amor, por prestar atención y hacer
lo que uno descubre que tiene que hacer",
Aldous Huxley

EL CHOBI.
TU ENEMIGO O TU ALIADO

¿Te ha pasado que ante una situación pareciera que sale otra parte de ti que no eres tú, que se apodera del momento y hace que reacciones lastimándote a ti o a otros? Son comportamientos que surgen de la nada; te enojas o te pones muy tímido o querías hacer algo y acabas actuando como no querías o gritas sin saber por qué lo haces.

Esas partes tuyas que pareciera tienen su propia voz, sus heridas, su lado bueno y el que no te gusta, así como su propia forma de actuar. Es aquello que te invita a postergar, renunciar, justificarte, hacerte la víctima o culpar a terceros; puede parecer como un niño asustado o que hace berrinche, un huracán que llega y arrasa o una gran pared que se interpone, muchas voces hablando al mismo tiempo o también pudiera simular a un secuestrador que te retiene, algo que te nubla y no permite integrarte, algo que te deja mudo, etcétera. La metáfora tú la sabrás mejor, para mí es el CHOBI.

Es una masa amorfa que cubre, detiene y muchas veces es cómodo, pero otras duele no tener la fuerza de decirle en esos momentos "no te toca actuar".

Es una forma o formas dentro de ti que rigen tu vida te guste o no, tan protectoramente que ahogan.

Al CHOBI le da vida un círculo vicioso formado por situaciones que crean un significado, generan una actitud que a su vez hace que te comportes de cierta manera, llevándote a vivir una biología corporal determinada.

Con todo esto va tomando una decisión de vida que es su bandera y la defiende con todo y con todas las relaciones. Además, como lo vamos reforzando sin pensar, genera el resultado que suponíamos y se convierte en líneas de una historia que dirige el libreto de vida del CHOBI y éste se convierte en un personaje dentro de ti. Así, cada vez que sucede algo parecido entra en acción este singular amigo, manejando nuestra vida, quitando la libertad de crear lo que realmente quieres que sí pase.

Así pues, cuando fuiste pequeño te adaptaste al medio en donde vivías de diferentes maneras, en cada etapa, como la adolescencia, la juventud y la edad adulta, fuiste modificando tu actuar hacia ti y los demás, para lograr ser aceptado, recibir amor o simplemente sobrevivir a las situaciones que se presentaban.

Puede ser esa parte que conociste por primera vez cuando te diste cuenta que había maldad en ti o es aquella que a veces te limita y sabotea o bien, puede tener rasgos de figuras de autoridad en tu infancia, creando historias y libretos que a través de usarlos por mucho tiempo se hacen costumbre y se convierten en realidad.

Si te hacían comentarios positivos o negativos, que si eras muy bruto o muy inteligente, terminaste por creerlo y jugar ese papel, rígidamente. Estos patrones se adquieren para pertenecer a la familia o al grupo y los modificas dependiendo de cada situación, haciendo que tomen poder sobre ti y tu vida.

La intención aquí es que identifiques a tu CHOBI y sus formas; le des espacio, sin juicios de valor para que se acomode naturalmente en ti; pues si ha crecido es porque tú le diste ese poder y energía.

Aunque muchas veces no parezca, su intención es ayudar a que no te pase nada. En algún momento te apoyó y protegió para salir adelante de situaciones que tal vez ya no recuerdas, pero hay que enseñarlo a que ya se acabó ese periodo y que el capitán del barco eres tú.

Te voy a contar la historia de mi tía Quetta:

Una mujer que nació enferma de sus facultades mentales, sin embargo era funcional en su vivir. Fue hermana de mi abuelita, con quien siempre vivió. Lo que recuerdo es que aunque estaba sana, su mente no funcionaba muy bien. Le gustaba salir de compras, comer, pasear, pero también tenía miedos irracionales y le encantaba pelear todo el día con mi abuelita. Era divertida y hacía reír, mas no podía ir sola al súper, pues no tenía la capacidad.

Te pregunto, si en tu casa vivieras con una persona así, ¿dejarías que tomara el control de tu vida?, ¿permitirías que ella decidiera por ti?, ¿la respetarías y cuidarías?

Pues exactamente pasa lo mismo en tu mundo interno, tienes partes que se crean como mecanismos de empuje, pero eso no eres tú. Esa parte puede ser como mi tía Quetta y tienes que recordar que tú como SER eres el que guías; simplemente hay que darse cuenta que existe, observarla con todo tu cariño e integrarla a ti.

Algunos autores le llaman "la loca de la casa", "la vocecita", el ego o "el mitote", pero es una parte que se crea dentro de ti y no te deja ser, pues te quiere proteger, se asusta y busca controlar la situación.

Pudieras creer que el CHOBI eres tú, cuando la mayor parte de tu vida has vivido con ellos dentro de ti y está bien. Simplemente hoy date cuenta de que no eres tu CHOBI y que éste funciona como un abrigo que te quitó el frío y que ahora ya queda apretado o tal vez ya no hace calor.

Por lo general lo rechazas, lo frenas, quieres ocultarlo o por otro lado le das rienda suelta a esa energía contenida a través de los celos, el enojo, la amargura y desgastándote.

Otras ocasiones peleas, pues te llena de pensamientos que lastiman y los quieres eliminar a toda costa, dando pie a una guerra o batalla donde sólo a veces ganan los buenos. El terreno lo va venciendo la parte que creas que te mereces más... ¿Qué tanto crees que te mereces vivir desde ti mismo? ¿Estás listo para dejar de sufrir y hacer cambios en la forma de tratarte?

Te contaré la historia del último soldado japonés en rendirse tras la Segunda Guerra Mundial:

Yokoi era un sastre de profesión que llegó a ser sargento del antiguo Ejército Imperial Japonés.

Durante la Segunda Guerra Mundial fue enviado a China y luego, en 1943, a la isla de Guam, en el archipiélago de las Marianas, Pacífico Sur. En 1944, las tropas estadounidenses tomaron la isla. La mayoría de los 19,000 soldados nipones en Guam murieron en los combates. Yokoi sobrevivió y huyó hacia la selva para no ser capturado, donde subsistió y permaneció en estado de alerta constante, pues para él la guerra continuaba. Dos cazadores se internaron en la selva de Guam en 1972 y encontraron a Yokoi andrajoso y escuálido, tratando de pescar su alimento del día. Cuando él los vio, salió corriendo cual animal asustado hacia una cueva subterránea que había sido su guarida durante esos 28 años.

Yokoi en realidad no ignoraba que la guerra había terminado. Había visto algún recorte que anunciaba el fin del conflicto, pero consideró que sólo era propaganda estadounidense. Y además había hecho una promesa a su emperador que quería cumplir hasta las últimas consecuencias. Su lealtad marcaba que era preferible morir antes que entregarse al enemigo.

Cuando regresó a Japón se galardonó como héroe de guerra, sin embargo él estaba apenado por no haber cumplido el mandato. Tardó en adaptarse a la vida de ciudad pues se cuestionaba dónde había quedado su lealtad, no logró ganar nada cuidando por tantos años esa isla, su soledad había sido su amiga por largo tiempo; pero poco a poco se hizo sastre, formó una familia y murió hace pocos años.

El CHOBI se hace rígido porque lo usamos por largos periodos, así que valdría la pena saber qué hubiera pasado si no fuera un soldado de guerra, cómo funcionaría en ti... ¿Lo haría a tu favor?. Toma unos minutos para pensar cómo hubiera sido tu vida si tu CHOBI te hubiera acompañado y protegido desde un lugar más feliz...

Te invito a que cada vez que el CHOBI salga con su historia y su libreto, para llenarte de pensamientos y emociones, le digas tu "palabra clave".

Hazlo desde tu poder personal. Proponle nuevos tratos con amor, dando espacio y observando para conocerlo a todo detalle sin juicio de valor. Sanando las emociones atrapadas ahí, tratándolo con respeto, integrándolo y diciéndole cada vez con más fuerza desde tu corazón "ESTOY YO AQUÍ, te cuido, te protejo y te enseño lo que sí hay".

Así que busca perdonarlo y date cuenta que es como "mi tía Quetta" que no tiene la capacidad de actuar como tú quisieras pero tiene cualidades; y mientras va sanando, encontrarás un integrante maravilloso en tu equipo.

Así como el soldado Yokoi, el CHOBI se creó para protegerte pero no sabe que ya no tiene que luchar, que ya acabó el estado de alerta y ahora es tu misión hacer que conozca el modo en que sí puede estar bien e integrarse a ti, recuperándose saludablemente.

Cada vez que se activa es un gran apoyo, aunque creas lo contrario, porque le está dando luz a esas áreas que todavía tienes que integrar a ti, te dice por dónde comenzar. Deja de perder tu energía en pelearte con él, mejor enfócate en lo que sí puedes cambiar, que es tu actitud.

Cada vez que el CHOBI sale significa que hay algo más qué trabajar, reconócelo y toma alguna acción al respecto. Es como cuando te pica un zancudo, te sale la ronchita y mientras más te rascas más comezón da. En cambio, si dejas sentir la comezón se quitará más rápido la sensación. Por lo general, cuando sale esta parte de ti, la quieres quitar y entre más la eliminas más perdura, hasta que dejas de darle tu energía y de esa manera se acomoda en su lugar. Es importante que no te lo tomes personal, ya que todos vivimos de esta manera, disfruta el proceso y conócete con amor.

EJERCICIO 1:

Vas a hacer dos cartas: una para la otra parte (el CHOBI) y otra para ti.

En la primera carta vas a escribirle todo lo que has sentido, con todas tus palabras y lo que representa para ti. No te limites, deja sentir todo lo que hay en ti.

La segunda carta es para ti, para ese SER que ERES.

Busca conectarte desde el compromiso de amor con la maravilla que ERES, dile lo que sientes, puedes pedirle perdón con acciones para que eso que ERES siga tomando su lugar y sea más fácil ejercer el poder de estar contigo.

Al terminarlas, quémalas y mientras se apagan deja que ese humo y la ceniza sean el inicio de la integración entre ustedes.

EJERCICIO 2:

Haz una lista de tus CHOBIS que alcanzas a reconocer ahora en tu vida.

Ponle o ponles un nombre.

Observa cómo es su fisiología (cómo actúa).

Encuentra qué necesitas para volver a creer.

En qué lo ayudas a empezar a integrarse.

Encuentra una canción o música para ayudarle en este proceso y con movimientos corporales llévalo a sanar, integrarse y recuperarse.

EJERCICIO 3:

A tu CHOBI llévalo a disfrutar cosas que haces en el día, un paseo, un masaje, oír una canción, tomar un descanso, etcétera.

Si no quiere nada, dale tiempo, que vaya disfrutando a su paso. Mientras tanto, tú sigue creciendo como capitán del barco. Ve checando con él dónde quiere vivir dentro de ti, que vaya encontrando un lugar cómodo y agradable para estar adentro de ti. Llévalo a que pruebe distintos lugares para que decida cuál es el suyo.

FÓRMULA:
EQUIPO CONMIGO, CHOBI ALIADO

Como te habrás dado cuenta esto no es de echarle ganas, sino de enfoque. Consiste en hacer ajustes a lo que realmente importa.

Recapitulando: cuando te caes en situaciones de reto, el CHOBI entra en acción, siguiendo el mismo camino de siempre, ese tobogán muy bien hecho y conocido que ya no sorprende. Recuerda que la idea es crear nuevas carreteras de vida y dejar de fortalecer las que no sirven, pues tu forma de reaccionar ante los problemas ya estaba ahí desde antes de que enfrentaras este escenario.

Lo que vas a hacer ahora es crear una fórmula que te ayude a integrar a tu CHOBI para formar el camino que quieres, sabiendo cómo funcionas y utilizando todos los elementos que componen el poder de estar contigo y a tu favor.

La intención es que vuelva a tomar una decisión de vida a tu favor, protegiéndola con amor y expandiendo ese SER que eres.

Te lo volveré a explicar brevemente y te compartiré la que yo hice para mí. Si te sirve utilízala o haz una propia; puedes hacer los cambios que prefieras.

Las reglas son:

- No hay que forzar nada. Recuerda que es a tu ritmo y al suyo. Será una unión personal para ti mismo. A veces lo vas a lograr muy bien y otras no; es un proceso, además de que el crecimiento es a través de ondas.
- Practica cuantas veces lo requieras.
- ¡Diviértete! Al hacerlo relájate, no lo tomes tan en serio, vive el momento y si encuentras la pasión en esto, te llevará a lograr resultados más rápidamente.

Los elementos son:

- DAR ESPACIO. El espacio es la distancia entre un objeto y otro, dáselo a tus herramientas y situaciones.
- OBSERVAR. Es darte cuenta de lo que está pasando ahora dentro y fuera de ti, sin juzgar. Simplemente estar ahí sin hacer nada, sólo siendo un espectador y reconociendo lo que sí hay.
- RESPIRACIÓN. Es una gran herramienta dado que es tu aparato digestivo emocional. Cada vez que la necesites para tu fórmula vas a inhalar profundamente y exhalar de la misma manera. Abre un poco tu boca para que al exhalar sueltes el aire con tu voz (con la finalidad de liberar, soltar, relajar).
- CONÉCTATE CON LO QUE SÍ HAY A TU ALREDEDOR. Vincúlate con lo que está pasando en tu entorno, con cualquier sensación física presente en este momento y con todo lo que suceda afuera de tu mente. Date cuenta de lo que sí hay en tu vida y conéctate con ello.
- HECHO Y OPINIÓN. Cada situación que pasa tiene lo que es el hecho (que viene de lo que sucedió sin emoción) y la opinión (que viene de tus creencias y emociones ante la situación).
- QUIERO vs. NECESITO. Es importante aprender a encontrar lo que necesitas en este momento. Recuerda que los "quiero" van acompañados de muchos "hoy necesito".
- IMAGINA. Cree y crea lo que sí quieres que pase, plánealo, respíralo y esa sensación llévala a todo tu cuerpo. Piensa en grande, convierte, ve más allá de tus expectativas de vida y recréalo cada vez que lo necesites.

- ESPÍRITU. Es lo que tú eres, tu esencia, tu alma o como lo quieras llamar. Eres tu sabiduría interna y el capitán del barco. Eres como el interior de una montaña que no importa la estación del año o qué suceda afuera, la esencia interna no cambia y eso eres tú.

Enseguida te recuerdo los pasos para trabajar con tus herramientas:

EMOCIONES:

1. Reconoce y nombra qué emoción estás sintiendo.
2. No la juzgues.
3. Visualízala.
4. Utiliza tu respiración para liberarla.

CUERPO:

- Reconoce qué estás sintiendo.
- No lo juzgues.
- Visualiza dónde y cómo se siente ese dolor.
- Utiliza tu respiración para que se libere la tensión o molestia. Observa cuál es su intención positiva y agradécele.

MENTE:

- Di en voz alta tu "palabra clave".
- Reconoce que estás saturado de pensamientos y no los juzgues.
- Encuentra la emoción que los alimenta y sana tu emoción.

CAMBIAR TU FISIOLOGÍA. Brinca, salta, canta, grita, para ayudarte a salir del estado físico que manejas siempre.

INTENCIÓN. Cuál es tu sueño, para qué lo quieres, qué quieres lograr con él, en quién te conviertes mientras haces lo que haces, qué situación quieres vivir (imagínala).

¡Listo para aplicar todo esto en
ti e integrar a tu CHOBI!

¡Manos a la obra! Ahora te voy a compartir cómo yo uso todo esto. Cuando te encuentres con alguno de estos factores:

Situación
CHOBI en acción
Tobogán
Hoyo

Sufriendo, justificando, haciéndote la víctima o culpando. NO TE JUZGUES.

1. Di tu PALABRA CLAVE. Con mucha firmeza exclámala, necesitamos que esa parte se dé cuenta de que no es su momento de actuar. (Recuerda que estamos en periodo de educación para todos).

2. RECONOCE esa parte o partes.
   a) Cuando estés en situación de que salga a escena tu CHOBI, pregúntate: ¿quién anda ahí? Dale forma a esa parte.
   b) OBSÉRVALA Y DALE ESPACIO CON TU RESPIRACIÓN, mientras la reconoces a todo detalle, a qué o quién se parece (encuentra una metáfora o personaje que la describa).

3. SANA TUS EMOCIONES E INTEGRA ESTA PARTE A TI.

a) Escanea tus herramientas:

    i. CUERPO (dónde lo estás sintiendo)

    ii. MENTE (cuál es el hecho y la opinión)

    iii. EMOCIONES

Sigue los pasos para SANAR EMOCIONES y CAMBIA TU FISIOLOGÍA.

b) ¿Cuál es la DECISIÓN DE VIDA que tomó?

    i. Si esta parte no hubiera sido el CHOBI, ¿qué hubiera sido para ti, en qué te apoyaría hoy?

    ii. Si esta parte no hubiera sido creada para protegerte, ¿en qué te ayudaría en situaciones como ésta?

c) Integra esta parte:

    i. Habla con ella.

    ii. Sánala.

    iii. Dale con tu imaginación lo que necesita.

    iv. Haz acuerdos con ella. (Esto será a tu ritmo).

4. Crea tu INTENCIÓN ante esta situación:

a. ¿Para qué estás haciendo esto?

b. ¿Qué quieres lograr?

c. ¿En quién quisieras convertirte durante el proceso y cuando ya vivas la situación como tú quieres?

d. IMAGINA lo que sí quieres que pase, conviértete en eso, llévalo a todo tu ser, vive la situación adentro de ti cómo si fuera una realidad, tanto en tu relación con tu CHOBI como en la situación misma, integrándolo y viviéndolo muy fácil... Lleva está sensación a todo tu cuerpo.

e. ¿QUÉ NECESITAS hoy para sentirte cómo tú te quieres sentir? Conéctate con lo que sí hay a tu alrededor.

5. Genera una ACCIÓN al respecto, una pequeña que te lleve a formar la carretera que quieres transitar contigo mismo ante cualquier escenario. Esta acción puede salir de contestar las siguientes preguntas:

a. ¿Qué aprendes de ti mismo?

b. ¿Qué decisión de vida tomas hoy?

c. ¿A qué te comprometes hoy contigo en equipo? Practícala cada vez que necesites.

6. CELEBRA. Cada logro por pequeño que sea célébralo, cada vez que sí se pueda llénate de satisfacción. No dejes de estar al pendiente de estos detalles y no los minimices, pues en la suma de ellos se hace la diferencia en tu vida. Toma el tiempo para recibir tu premio, gozarlo, festejarlo y agradecerte el esfuerzo.

7. AGRADECE. A todos los que han contribuido a tu crecimiento, ya sea situaciones o personas, pues todos ellos han sido tus maestros. Ahora sí, el alumno está listo para dar al mundo su color. Bendícete porque eres una "bendición para esta tierra" y bendice a los demás: "Que todos sus proyectos y sueños se logren".

Y ¡suéltalo Todo!, continúa con tu vida, tal como eres, disfrutando, dándote la oportunidad de SER. Los cambios se darán en la medida que la hagas tuya a través de la práctica y los resultados que percibas.

Utiliza la fórmula cada vez que la necesites, hazle cambios, todo lo que sea mejor para ti y comparte con nosotros tus experiencias en contacto@rosydamico.com. Habrá veces que ocuparás unas herramientas y otros días otras, dependiendo de las necesidades que tengas, hazlo divertido, pero sobre todo con amor hacia ti.

EN RESUMEN:

1. Di tu PALABRA CLAVE.
2. RECONOCE esa parte o partes.
   ¿Quién anda ahí?
   OBSERVA y DA ESPACIO a todo lo que sucede en ti,
   sin juicio de valor.
3. ¿Qué EMOCIÓN hay en ti? SÁNALA e INTEGRA A TU CHOBI.
4. Crea tu INTENCIÓN ante esta situación.
   ¿En quién te vas a convertir?
5. Genera una ACCIÓN al respecto.
   ¿A qué te comprometes hoy contigo?
6. ¡CELEBRA!
7. AGRADECE a todos los que han contribuido a que hoy seas lo que eres.

9

La expresión

¡Lo que no se expresa se imprime!

Rosina

LA EXPRESIÓN

Al darte cuenta que eres un SER con tres grandes e importantes herramientas (emociones, mente y cuerpo), también advertirás que todo esto necesita un camino de salida para que se pueda crear, expresar y pintar este mundo de lo que tú ERES. La expresión es la creatividad con la que te comunicas a través de tu voz, de tus manos, de tus actividades, de tu amor... es cómo sacas al exterior eso que ERES, en quien te conviertes durante el día.

Tu creación no es sólo oral, sino también corporal, manual, todas las formas por las cuales tu sabiduría personal cobra vida; puede ser a través de estar con otra persona o del habla, del trabajo, del arte, del baile, de la poesía...

Es perfeccionar la manera de dar al mundo lo que tú eres, de manifestar lo que es importante para ti.

La creatividad es la herramienta principal de la expresión, pues activa tus cualidades y hace que SEAS.

Todos necesitamos de ti. Para que este mundo funcione eres indispensable por varias razones: una es que los regalos que se te han dado (cualidades, capacidades, dones, entre otros) son para compartir y ayudar a que este mundo sea mejor. ¿Te imaginas a este universo sin teléfonos, internet, luz eléctrica? Todo esto se ha dado por medio de personas que hicieron la diferencia, creyeron en sí mismos y tú, como ellos, tienes talentos que se necesitan aquí y ahora.

Ayudar a los demás hace que la vida te regrese lo mismo de modos inesperados. No importa si apoyas en la Organización Mundial de la Salud o a la persona que está siempre de paso a tu trabajo, la idea es que de corazón y con intención auxilies a los demás a tu ritmo, pero sobre todo sintiéndote muy orgulloso de ello, porque servir a los demás engrandece.

Ahora que estás integrándote cada vez más contigo sabrás lo que toca para ti, así que a soñar en grande y ponerlo en práctica.

¿QUÉ HAY PARA TI?

"Todo lo que parece un gran caos, en verdad es una bendición disfrazada",
Yehuda Berg

Me gustaría que leyeras la siguiente historia,

Una mañana iba caminando por el bosque un hombre que amaba la naturaleza, cuando de pronto vio un capullo de mariposa y pensó —si lo dejo aquí quizá no sobreviva...—, así que decidió llevarlo a su casa y lo puso en un lugar seguro, con todos los cuidados necesarios, pues sabía que la transformación se daría en cualquier momento.

Entonces, al transcurrir de los días observó que comenzaba a verse un pequeño orificio en el caparazón, se dio cuenta que iniciaba la metamorfosis y emocionado se percató que el proceso empezaba a ocurrir: las antenitas y la cabeza comenzaban a asomarse; mientras el animalito luchaba con todas sus fuerzas para salir, forcejeaba, pero no podía, ya que el hoyo era muy pequeño y su cuerpo aún estaba muy grande. Sin embargo la mariposa con su decisión por salir seguía esforzándose para lograrlo, sacó la cabeza pero era tanto el desgaste que cayó como desmayada. El hombre asustado por lo ocurrido quiso ayudarle y rompió con mucho cuidado el caparazón para que saliera.

Al despertar la oruga sacó sus pequeñas alas, el cuerpo seguía hinchado y solamente daba vueltas en la mesa; el impaciente espectador no entendía, esperaba que se hiciera la transformación, pero ya no ocurrió nada.

No había comprendido que la resistencia de la oruga contra el capullo para romperlo obliga al gusano a enviar los fluidos a sus alas, fortaleciéndolas mientras el cuerpo se va deshinchando y formando la hermosa creatura que está destinada a ser. La naturaleza tiene sabios planes, son sus "para qué", y aun cuando muchas veces no comprendemos, tienen un fin de abundancia y transformación para nosotros.

El esfuerzo diario de irse formando es la disciplina de hacer lo que toca hoy y nada más, con amor y sabiduría, haciendo equipo con uno mismo para quitar la propia envoltura y éste, podríamos decir, es un derecho fundamental.

Así que cada quien en su proceso, en su caparazón y en su forma, son indispensables para que salga la mariposa que hay en ti.

Tu experiencia de vida no es casualidad son escalones que tienes que subir para poder disfrutar mejor la vida, ser más flexible, fluir y soltarte para vivir esta experiencia. Los problemas son oportunidades para lograr algo mejor y sólo hay que descubrirlo. El gran premio es ganarte el derecho a tu propio esfuerzo, pues eres el único que te puede convertir en el gran SER que ERES. Nadie (por más amor que tenga por ti) puede ayudarte a salir de tu caparazón, ahora te darás cuenta que eres el único que tiene las herramientas y sabe lo que necesitas.

Es como las empresas que se dedican a crear un sistema para que puedas ver películas y series de televisión por un precio mensual. Te dan el primer mes gratis para que pruebes y conozcas su variedad. Durante el "plazo de gracia" te gusta y crees que te lo mereces, pero cuando ya hay que pagar, te surgen dudas de si vale la pena o no hacer la inversión mensual.

En la vida pasa igual, hay buenos momentos o situaciones que a veces das por hecho que te pertenecen, pero cuando esto acaba o la situación cambia, pareciera como si terminara el tiempo de prueba. Así que para que vuelva a ser tuyo tienes que utilizar tu derecho al esfuerzo, que es desarrollar el poder de estar contigo, para que puedas disfrutar lo que está destinado para ti, practicando la unión contigo e integrándote y siendo un equipo contigo.

Hoy sabes cómo se superan los obstáculos, sabes que requiere trabajo, compromiso y que todo esto viene de un plan mucho más grande de lo que a veces alcanzas a imaginar. En este momento cuentas con herramientas para afrontar y vivir la vida de la mejor manera, que es la tuya.

Hoy tienes el derecho de vivir, de ser la mejor versión de ti mismo, te lo has ganado.

Te felicito porque es de valientes entrar en uno mismo y reconstruirse, así que sigue aprendiendo a regalarte tu premio día a día y continúa saboreándolo. Recuerda que tu lugar en esta vida es tuyo y que nada ni nadie te lo puede quitar.

Tú sientes que tienes el derecho de vivir una vida plena y feliz... ¿crees que te lo mereces? Pues te invito a que sigas construyendo el creerlo, ya que eso aumenta tu poder, lo amplía y quita las dudas en ti, permitiéndote actuar a tu favor.

Hoy no importa que a veces te hagas para atrás o te canses, ahora ya sabes lo que ERES y lo que hay por hacer para disfrutar la vida de una manera natural.

Reconoce tu valor, habla desde tu valor, sé desde tu valor, ya que es un compromiso día a día. El pago cada vez será menor y la capacidad de vivir en el presente de una manera divertida y flexible será parte tuya.

Además bríndaselo a los demás, a los que han estado para ti, que te han aguantado, esperado o dado la mano cuando más lo necesitabas. No importa si eres soltero o casado, si vives solo o acompañado, siempre ha habido alguien que te ha ayudado en algún momento.

Así que el último ejercicio será buscar a esa o esas personas y agradecerles de corazón todo lo que hicieron por ti. Hoy haz esa llamada, manda un correo electrónico o mejor aún ¡ve a buscarles! Si ya no están contigo cierra los ojos y visualízalas en el lugar donde viven ahora y agradéceles con todo tu SER su presencia en tu vida.

HAZ LO QUE MÁS TE APASIONA

"Renunciar a mi pasión es como desgarrar con mis uñas una parte viva de mi corazón",
Gabriele d'Annunzio

Alguna vez leí un libro de Jorge Bucay, titulado *¡Búscate un amante!*. Claro que cuando vi el título me interesó. ¿¡Cómo es que alguien te puede recomendar tener un amante!? Empecé a leerlo y me di cuenta que no se trata de ser infiel a tu pareja u otra cosa que puedas estar pensando.

"Amante es lo que te pone de novio con la vida", lo que hace sentirte uno con el camino, que estás viviendo un sueño hecho realidad y piensas que estás en el mejor momento, agradecido con todo, haciendo equipo contigo y que te llena de vida, haciéndote sonreír sin saber por qué. Para algunos tener un amante podrá ser estar con una persona, para otros es hacer lo que más le apasiona, que disfruta y hace vibrar. Piensa por unos instantes qué es lo que más te entusiasma a ti y qué te encantaría estar haciendo en este momento.

¿En qué actividades logras sentirte libre y ser tú mismo?

Si lo encontraste ¡felicidades! Ahora, ¡ponte a hacerlo! Busca opciones para lograr eso hoy o a futuro. Si no supiste qué contestar no importa, el punto es que veas dónde estás parado y empieces a buscar; obsérvate, conócete y sobre todo acompáñate honestamente. Lee biografías de personas interesantes, júntate con aquellas personas de las que quisieras verte rodeado. Haz lo que te apasiona, lo que te invita a crear amor todo el día, lo que te trae felicidad.

Todo eso con lo que sientes que vale la pena vivir, que te produce una sensación de que ya quieres esperar a que sea mañana para poder estar ahí, que le da motivación y sentido a tu vida, con la intención simple de ser tú y compartir con los demás.

Busca en tu historia y en tu vida diaria; puede ser tu trabajo, tu pareja, una actividad que hagas, el arte, la pintura, el baile, un buen libro, viajar, una causa altruista o ayudar a alguien; puede ser eso para lo que eres bueno.

Hacer lo que te apasiona te traerá dinero, abundancia y a las personas que son para ti, pues estarás expandiendo tu potencial, creando tu momento ideal día a día.

Te voy a contar un poco de la vida de Steve Jobs, uno de los genios más grandes que ha tenido nuestro tiempo y que con su historia y estilo ha cambiado miles de vidas. El fue un hijo no esperado por su madre biológica, quien inteligentemente quiso que tuviera un futuro mejor del que ella le podía dar, así que lo puso en adopción. Los primeros candidatos a ser sus padres no lo quisieron porque era niño y ellos deseaban una hija, así que volvió a estar en adopción y cuando ya lo iban a entregar a sus padres actuales, su madre biológica se enteró que no eran profesionistas y canceló trámites, pero ellos prometieron que le darían educación universitaria y de esa manera ella aceptó.

Durante toda su vida los padres de Steve ahorraron para que pudiera tener una educación en una universidad prestigiada y cuando llegó el momento se la dieron, pero no tenía pasión por los estudios, se gastó los ahorros de sus papás y decidió tomar algunas clases opcionales, mientras pasaba el tiempo durmiendo en casa de algún amigo y comiendo cuando se podía. Entre esas clases aprendió caligrafía que más tarde haría la diferencia en todas las computadoras del mundo al agregar diferentes estilos de letra.

A los 20 años ya había descubierto lo que amaba hacer y junto a sus amigos, que después serían sus socios, en la cochera de sus padres empezaron la gran empresa de Apple. Pero a los 30 años cuando ya la empresa era un emporio, el Consejo decidió que Steve Jobs ya no era importante para el futuro de la misma, así que fue despedido de una manera muy publicitada.

Por algunos meses sintió que había decepcionado a toda una generación, pero con el tiempo se dio cuenta de que esto fue lo mejor que le pudo pasar, pues durante esos años conoció a su esposa, formó una familia y observó que su pasión y creatividad seguían dentro de él, así que erigió Pixar (empresa dedicada a la creación de películas animadas como Toy Story) y NeXT, entre otras. Ésta última fue la razón por la cual le volvieron a contratar en Apple, creando lo que ahora es esta empresa para el mundo. Steve tuvo muchos errores, pero también muchos aciertos, que sin importar su historia, subidas y bajadas, lo más importante fue encontrar lo que amaba hacer.

En un discurso que dio a los estudiantes de la Stanford University dijo lo siguiente:

"En ocasiones la vida te golpea con un ladrillo en la cabeza. No pierdan la fe. Estoy convencido que lo único que me permitió seguir fue que yo amaba lo que hacía. Tienen que encontrar eso que aman. Y eso es tan válido para su trabajo como para sus amores. Su trabajo va a llenar gran parte de sus vidas y la única manera de sentirse realmente satisfechos es hacer aquello que creen es un gran trabajo. Y la única forma de hacer un gran trabajo es amando lo que hacen. Si todavía no lo han encontrado, sigan buscando. No se detengan. Al igual que con los asuntos del corazón, sabrán cuando lo encuentren y que como cualquier relación importante, mejora con el paso de los años. Así que sigan buscando hasta que lo encuentren. No se detengan"[14].

---

[14] Jobs, Steve. Discurso a los graduados de la Universidad de Stanford. 2005.

Tú eres tu mejor compañía, tu mejor inversión y tienes el derecho de encontrar lo que más te apasiona. Comienza por amar lo que eres hoy, lo que hay en tu vida y el lugar donde estás. Así que sigue invirtiendo en ti, en ser esa persona apasionada en tu realidad actual, en expandir tu SER, en permitirte merecer lo que has creado, viviendo tu intención clara desde tus valores.

En ti está el centro que te mueve, que te empuja desde el amor, que te hace sentirte uno con la vida. Tu centro es desde donde nace todo, la fuente que hace que fluya ese SER que ERES, de donde viene tu pasión que sólo se encuentra en el poder de estar contigo.

No permitas que la vida pase por ti, mejor pasa tú por la vida y haz lo que más te apasiona... Te necesitamos, eres parte del equipo.

EPÍLOGO

Creo que mi vida alguna vez fue como de cuento, parecida a la de Blanca Nieves, primero me sentí la más buena en mi mundo perfecto, después me metí a un bosque que parecía aterrador, para luego convertirme en la bruja que buscaba desesperadamente la perfección. Ahora no me importa si soy Blanca Nieves, la reina o la bruja, cada vez que me veo al espejo crezco y reafirmo lo que soy.

Mi vida no tiene nada de perfecta sino como cualquier otra tiene retos, problemas, aciertos, claroscuros y amor, pero lo que refuerzo día a día es darle espacio a cada cosa que venga, integrando a mi CHOBI, y eso me permite ser quien soy.

Después de todo este recorrido te puedo decir que le agradezco a la vida haberme puesto a contestar las preguntas que anoté en estas páginas, que igual nunca las vi o creí que no existían. Ahora soy una mujer feliz por decisión, más consciente de mí y de mí alrededor.

Te invito a que sigas buscando vivir tus días en el presente, disfruta cada momento, sé eso que eres y trabaja para expresarlo.

Sobre todo continúa sanando a tu corazón. Todo esto te seguirá acercando a los que amas, pues te has ganado el derecho de ser y de amarlos, con el mayor respeto que hay. No es el ser felices por siempre, sino decidir y darte lo que necesitas en cada momento.

Recuerda que ser mejor no es una frase de superación personal, es poder hacer las cosas que ayudan a que funciones, te desarrolles y vivas desde ti mismo.

A través de este libro lo has estado experimentando, sigue ejercitando esos músculos que te hacen vivir.

Gracias por leer este libro, recuerda que es un proceso, así que continúa. Gracias por atreverte a buscar lo mejor de ti, eres valiente, maravilloso, único, no te canses y sé la persona que eres.

Necesitamos gente como tú con experiencia de vida, que busca nuevas formas de disfrutar y YO CREO EN TI. Me gustaría conocer tu experiencia, por favor escríbeme tus comentarios y vivencias, para mí eres importante.

¡Y todo por creer en mí, sin creer en mí!

Rosy
www.rosydamico.com